UMA JORNADA BÍBLICA ATRAVÉS DAS EMOÇÕES

40 DIAS COM DIVERTIDA MENTE

2º EDIÇÃO

Uma jornada Bíblica
através das emoções

40 DIAS COM
DIVERTIDA MENTE

2ª Edição

Penkal
TUDO EM LIVROS, LIVROS PARA TODOS.

Direção Geral
Adriel Ribeiro Penkal

Coordenador Editorial
Cristiano Braz Jorgini
Giovanna Felipe

Assistente Editorial
Isabelle S. Alves
Monique Vieira

Revisão
João Paulo Esteves
Silas N. S.

Projeto Gráfico
Eduardo Bueno Rodrigues

Diagramação
Eduardo Bueno Rodrigues

Capa
Isabela Michels

Dados Internacionais de Catagolação na Publicação (CIP)
(Câmara Brasileira do Livro, SP, Brasil)

40 dias com Divertidamente / uma jornada bíblica através das emoções.
Penkall, 2024.

ISBN 978-65-277-0037-1

1. Devocional

Índices para catálogo sistemático:

1. Devocional

Esta obra foi desenvolvida pela Editora Penkal.

R. Antônio Sabino, 203 - Parque Industrial - Ibiporã - PR

APRESENTAÇÃO

Querido leitor,

Seja bem-vindo à segunda edição de 40 *dias com Divertida Mente.*

No filme *Divertida Mente* 2, as emoções ganham protagonismo na vida de Riley, em um embate para ver qual emoção se sobressai. Neste devocional, trazemos a reflexão sobre todas elas, com passagens da Bíblia, mostrando como Deus está presente em tudo, agindo de formas silenciosas para que tudo o que sentimos seja um aprendizado com Ele.

Em 1 Pedro 5:7, somos lembrados: "Lançando sobre Ele toda a vossa ansiedade, porque Ele tem cuidado de vós." Essa passagem fala diretamente dos nossos sentimentos e das nossas emoções, convidando-nos a confiar em Deus, entregando-lhe nossas preocupações e ansiedades. Ao refletirmos, percebemos que sentimentos como medo, tristeza e até ansiedade são partes naturais da experiência humana. Mas Deus nos ensina a não sermos dominados por eles, a confiar que Ele olha por nós, transformando nossas emoções quando colocamos nossa confiança Nele.

Assim como em Romanos 1:20 Paulo nos ensina a olhar para a criação e reconhecer a mão de Deus em todas as coisas, também devemos olhar para nossas emoções e reconhecer Sua presença e cuidado. Quando confiamos em Deus, Ele nos dá força e paz para lidar com tudo o que sentimos.

Prepare-se para trilhar esta experiência abundante das emoções presentes em cada momento de sua vida com a presença de Deus.

DEVOCIONAL 1

ALEGRIA

A GRAÇA NA ALEGRIA.

"A alegria do coração transparece no rosto, mas o coração angustiado oprime o espírito."

(Provérbios 15:13)

A alegria é como um raio de sol que atravessa as nuvens mais escuras, iluminando tudo ao nosso redor. Ela tem o poder de mudar o nosso dia, renovar a nossa energia e trazer esperança ao coração. Isso nos lembra que a verdadeira alegria não é algo superficial, mas nasce dentro de nós e se reflete no que fazemos e em como vivemos.

Mas nem sempre é fácil sentir alegria, não é? Às vezes, as preocupações, as tristezas e os desafios da vida parecem pesar como uma pedra em nosso peito. Sentimo-nos sem força, sem ânimo, como se tudo ao nosso redor estivesse cinza. No entanto, a alegria que Deus nos oferece é diferente. Não é baseada apenas em momentos felizes ou em situações perfeitas. É uma alegria que vem de saber que somos amados por um Deus e que Ele cuida de nós em todas as circunstâncias.

Essa alegria é especial, porque ela não depende do que está acontecendo ao nosso redor. Ela vem da confiança de que Deus está no controle, mesmo quando as coisas parecem fora de lugar. Em Filipenses 4:4, somos encorajados a "alegrar-nos sempre no Senhor". Isso significa que nossa alegria não precisa acabar quando enfrentamos dias difíceis. Pelo contrário, é nesses momentos que podemos buscar em Deus a força que nos falta e a paz que supera qualquer entendimento.

Jesus nos mostrou o que é essa alegria verdadeira. Durante sua vida na Terra, Ele enfrentou desafios, rejeição e dor. No Jardim do Getsêmani, Ele sentiu o peso da cruz que estava por vir. Mas mesmo assim, nunca perdeu o foco no amor de Deus e na missão que tinha: salvar--nos. Em Hebreus 12:2, a Bíblia nos diz que Jesus suportou a cruz "por causa da alegria que lhe estava proposta". Ele sabia que, ao passar pelo sofrimento, abriria o caminho para nossa reconciliação com Deus e para a vida eterna.

Essa é uma lição poderosa para nós. Às vezes, passamos por momentos em que a alegria parece distante. Mas, ao olharmos para Jesus e para o que Ele fez por nós, somos lembrados de que a verdadeira alegria não é a ausência de problemas, mas a presença de Deus em nossas vidas. É saber que, mesmo nos momentos mais difíceis, temos um Pai que nos ama e que está sempre ao nosso lado, trabalhando para transformar o que dói em algo belo.

A cruz é o símbolo máximo dessa alegria. Ela nos lembra que o sofrimento não tem a palavra final. Em Cristo, temos a promessa de uma alegria eterna, que começa aqui e agora, quando confiamos Nele. Assim como Jesus enfrentou a cruz sabendo da alegria que viria, podemos enfrentar nossas lutas diárias com a certeza de que Deus está conosco e de que o seu amor é suficiente para nos sustentar.

Hoje, deixe que essa alegria transforme seu coração. Não importa quais sejam suas circunstâncias, olhe para Deus. Lembre-se de que você é profundamente amado e que, mesmo nas noites mais escuras, o sol voltará a brilhar. A alegria do Senhor é a nossa força, e em sua presença encontramos a paz e a alegria que duram para sempre.

REFLEXÃO

Em *Divertida Mente 2*, a personagem Alegria aprende que não dá para estar feliz o tempo todo e que momentos difíceis também nos ajudam a crescer. Isso nos lembra o que Jesus nos ensina: a verdadeira alegria vem de confiar em Deus.

Na Bíblia, Jesus diz: "Para que a minha alegria esteja em vocês, e a alegria de vocês seja completa" (João 15:11). Ele nos dá uma alegria que dura, mesmo quando estamos tristes, porque sabemos que Ele está sempre conosco. E, por isso, a Bíblia diz que: "A alegria do Senhor é a nossa força" (Neemias 8:10).

Assim como Riley aprende no filme, não precisamos esconder nossas emoções. Podemos levar tudo a Jesus, que nos ama e nos ajuda. Ele nos dá força e esperança para enfrentar qualquer situação com um coração cheio de paz e alegria.

Desafio

Hoje, pense em algo que está pesando no seu coração e entregue isso para Deus. Peça a Ele que traga paz e encha seu coração de alegria. Tire um momento para agradecer pelas coisas boas que Ele já fez em sua vida. Além disso, compartilhe um sorriso ou uma palavra gentil com alguém. Pequenos gestos podem espalhar a alegria que Deus nos dá.

Oração

Senhor, obrigado, porque a verdadeira alegria vem de Ti. Ajuda-me a lembrar que, mesmo nos dias difíceis, o Teu amor nunca muda. Enche meu coração de esperança e paz, e ensina-me a confiar em Ti em todas as circunstâncias. Que minha vida seja um reflexo da alegria que só o Teu amor pode dar.

Em nome de Jesus, amém.

DEVOCIONAL 2

TRISTEZA

A GRAÇA NA TRISTEZA.

"Bem-aventurados os que choram, porque eles serão consolados."

(Mateus 5:4)

A tristeza é uma realidade que toca a todos. Perder alguém que amamos, enfrentar desafios ou sentir que ninguém nos compreende pode pesar em nosso coração de uma forma que parece insuportável. Jesus, em sua infinita sabedoria e amor, reconheceu isso e trouxe uma promessa especial: consolar aqueles que choram. Ele nunca disse que não choraríamos, mas garantiu que cada uma das lágrimas seria acolhida e enxugada por Deus.

Por mais difícil que seja, a tristeza nos chama a olhar para dentro e reconhecer nossa fragilidade. Esses momentos de dor nos lembram de que precisamos de algo maior do que as soluções que o mundo pode oferecer. É em meio às lágrimas que, muitas vezes, buscamos a Deus com mais sinceridade e encontramos a graça que só Ele pode dar. Deus transforma a dor em um lugar de renovação, onde aprendemos a recomeçar. Mesmo nas noites mais escuras, a luz divina continua brilhando, nos guiando em meio à escuridão.

A cruz de Cristo é o maior exemplo disso. Jesus, em sua humanidade, sentiu tristeza de forma profunda. No Jardim do Getsêmani, Ele chorou e carregou o peso do que estava por vir. Ele sabia o que enfrentaria: dor, humilhação e a separação temporária do Pai. Naquele momento, ele orou com angústia, mas também com submissão: "Pai, que seja feita a Tua vontade." No Calvário, Ele tomou sobre si nossas dores e angústias, experimentando a tristeza mais profunda para que pudéssemos conhecer o consolo mais pleno.

Essa tristeza de Jesus, porém, tinha um propósito: a redenção. Por meio dela, Ele abriu um caminho de esperança para nós. A cruz nos ensina que o sofrimento, nas mãos de Deus, nunca é sem sentido. Ele pode usar até mesmo os momentos mais difíceis para nos transformar, moldar nosso caráter e nos conduzir à alegria que só ele pode oferecer.

Jesus nos mostra que a tristeza não é o fim. É um convite a confiar em Deus e a entregar a Ele nossos pesos. Quando fazemos isso, nossa dor se torna solo fértil para que a graça e a força de Deus floresçam. É no sofrimento que descobrimos que não estamos sozinhos, que somos amparados pelo amor do Pai e que Ele nos sustenta quando sentimos que não podemos seguir em frente.

Se você está passando por um momento de tristeza, lembre-se de que Jesus conhece a sua dor. Ele vê suas lágrimas, entende suas dúvidas e está ao seu lado para te consolar. Confie Nele, porque, como diz a Palavra: "O choro pode durar uma noite, mas a alegria vem pela manhã" (Salmos 30:5). Nas mãos de Deus, cada lágrima é transformada em esperança, e cada dor em um recomeço cheio de propósito e amor.

REFLEXÃO

A tristeza, embora muitas vezes rejeitada, tem um propósito essencial: nos aproximar de quem somos e de quem amamos. Assim como Riley, em *Divertida Mente 2*, descobriu que a tristeza a ajudou a expressar seus sentimentos e buscar ajuda, Jesus também valoriza nossas lágrimas. Ele não nos pede que as escondamos, mas promete consolo eterno e transforma nossa dor em reencontros com o Pai.

Deus usa a tristeza para moldar nosso caráter e fortalecer nossa fé, lembrando que a alegria está ao alcance. Afinal, a noite pode ser escura, mas a manhã sempre traz luz. Que tal entregar sua tristeza a Ele?

Desafio

- Você já parou para pensar no que suas lágrimas dizem sobre você?
- Será que elas não estão apontando para algo que precisa ser curado ou entregue a Deus?
- Em vez de esconder a tristeza, que tal usá-la como um momento para se aproximar mais de Deus?
- Quais situações você ainda tenta carregar sozinho, sem pedir o consolo divino?

Reserve um tempo para refletir sobre essas perguntas. Deus está pronto para ouvir o que pesa em seu coração e transformar sua dor em algo que produza esperança. E lembre-se: as lágrimas que você derrama hoje têm valor eterno aos olhos de Deus.

Oração

Pai amado, obrigado por não ignorar as minhas tristezas. Em meio às lágrimas, eu Te busco, sabendo que Tu és o meu consolo. Ajuda-me a entender que a tristeza não é o fim, mas uma oportunidade de sentir Teu cuidado e Tua graça. Enche meu coração com a esperança da alegria que só o Senhor pode dar, e fortalece minha fé para enfrentar os momentos difíceis com confiança em Ti.

Em nome de Jesus, amém.

DEVOCIONAL 3

RAIVA

DOMINANDO OS IMPULSOS DA IRA COM MANSIDÃO.

"A resposta calma desvia a fúria, mas a palavra ríspida desperta a ira."

(Provérbios 15:1)

A raiva é uma emoção que todos nós enfrentamos em algum momento da vida. Ela pode surgir quando sentimos que algo foi injusto, quando somos desrespeitados ou quando as coisas não saem como planejamos. É natural e humano sentir raiva, mas o que realmente importa é como reagimos a ela. O que escolhemos fazer nesse momento pode trazer paz ou gerar ainda mais conflitos.

A Bíblia, em Provérbios 15:1, nos oferece um conselho precioso: "A resposta calma desvia a fúria, mas a palavra ríspida desperta a ira." Isso nos mostra que, diante da raiva, temos duas opções. Podemos responder com controle e equilíbrio, ajudando a acalmar a situação, ou reagir impulsivamente e agravar o problema. É como segurar um fósforo aceso: podemos apagá-lo antes que cause danos ou usá-lo para iniciar um incêndio.

Deus não condena o sentimento de raiva, pois Ele nos entende e sabe que somos imperfeitos. Até Jesus, que viveu uma vida sem pecado, sentiu indignação. No templo, Ele demonstrou raiva ao ver injustiças e a profanação da casa de Deus. Mas o que diferencia a raiva de Jesus é que ela nunca foi destrutiva ou egoísta. Ele expressou sua indignação de forma justa, com o objetivo de corrigir o erro, não de ferir ou destruir.

O problema não é sentir raiva, mas permitir que ela nos controle. Quantas vezes, no calor do momento, dissemos ou fizemos algo de que nos arrependemos profundamente? Palavras impulsivas podem ferir, gestos descontrolados podem romper relacionamentos e decisões precipitadas podem trazer consequências duradouras. A Bíblia nos alerta em Efésios 4:26-27: "Quando vocês ficarem irados, não pequem. Apazíguem a sua ira antes que o sol se ponha, e não deem lugar ao diabo."

Controlar a raiva não significa ignorá-la ou engolir nossos sentimentos, mas aprender a administrá-la. Isso começa com um passo simples: entregá-la a Deus. Quando confiamos Nele, pedimos sabedoria para entender o que realmente está acontecendo e reagir de forma equilibrada. Essa atitude é chamada de mansidão. E aqui está algo importante: mansidão não é fraqueza, mas força sob controle. É ter o poder de reagir, mas escolher a paz.

Jesus nos deu o maior exemplo de mansidão. Mesmo quando foi insultado, humilhado e injustamente condenado, Ele não reagiu com ódio. Em vez disso, escolheu o perdão. Na cruz, suas palavras ressoaram com amor: "Pai, perdoa-lhes, pois não sabem o que fazem" (Lucas 23:34). Esse é o tipo de força verdadeira: agir com amor e misericórdia, mesmo quando tudo está colaborando e nos levando a se irar.

Da próxima vez que a raiva surgir, lembre-se de que sentir essa emoção não é errado, mas permitir que ela controle você pode ser perigoso. Respire fundo, ore e peça a Deus que transforme sua raiva em algo positivo. Deixe que Ele te mostre como usar esse momento para construir, não para destruir.

Seguir o exemplo de Cristo é descobrir que é possível transformar a raiva em uma oportunidade de crescimento, cura e reconciliação. É aprender que, mesmo diante da injustiça ou da dor, o caminho da mansidão nos conduz à paz e ao propósito. A escolha é sua: apagar o fósforo ou deixar que ele incendeie. Que tal deixá-lo nas mãos de Deus?

REFLEXÃO

No filme *Divertida Mente 2*, o personagem Raiva sempre tenta tomar a frente quando Riley enfrenta injustiças, mas suas explosões, embora às vezes úteis, geralmente complicam tudo. Da mesma forma, quando deixamos a raiva decidir, acabamos criando mais feridas do que soluções.

Jesus nos oferece outra forma de agir: a mansidão. Ele nos convida a pausar, refletir e responder com amor, algo que só conseguimos com a ajuda de Deus. Entregar nossa raiva a Ele não faz com que desapareça, mas transforma nosso coração, trazendo autocontrole e reconciliação. Imagine substituir a raiva pelo perdão e pela paz. Que impacto isso teria?

DESAFIO

Hoje, se surgir uma situação que provoque sua ira, faça uma pausa. Respire fundo, peça a Deus sabedoria e lembre-se da cruz, onde Jesus, em meio à dor e injustiça, escolheu o perdão. Será que aquela palavra dura que você quer dizer vai construir algo? Será que explodir agora vai trazer paz ou criar mais problemas? Escolha responder com calma e veja como isso pode mudar o ambiente ao seu redor.

ORAÇÃO

Senhor, reconheço que muitas vezes a raiva toma conta de mim e me faz agir de forma impensada. Ajuda-me a dominar meus impulsos e a responder com mansidão, como Jesus fez. Dá-me sabedoria para transformar minha ira em uma oportunidade de demonstrar amor e paciência. Que minhas palavras sejam usadas para acalmar e não para ferir. Ensina-me a seguir o exemplo de Cristo, escolhendo o perdão em vez do rancor.

Em nome de Jesus, amém.

DEVOCIONAL 4

MEDO

Superando o medo com fé e confiança em Deus.

"Porque Deus não nos deu espírito de covardia, mas de poder, de amor e de equilíbrio."

(2 Timóteo 1:7)

O medo é algo que todos nós enfrentamos. Ele pode surgir de inúmeras maneiras: do desconhecido, das dificuldades e das incertezas da vida. Às vezes, pegamo-nos preocupados com o futuro ou assustados diante de algo que parece grande demais para enfrentarmos. Sentir medo é natural, e isso faz parte de sermos humanos. Mas Deus, em Sua bondade, nos lembra que não fomos feitos para sermos escravos desse sentimento. Ele nos deu um espírito de força, amor e equilíbrio, para que possamos lidar com o medo de uma forma diferente – confiando nele.

Quando o medo toma conta, ele tem o poder de nos paralisar. É como se o mundo ao nosso redor encolhesse e, ao mesmo tempo, os problemas se tornassem gigantescos. Ele nos faz imaginar cenários que muitas vezes nem são reais. Quem nunca passou por isso? Aquela sensação de que tudo vai dar errado, de que estamos sozinhos ou incapazes. Mas aí entra a fé, como uma âncora que nos segura em meio às tempestades. Deus nos convida a lembrar que não estamos sozinhos, que Ele está ao nosso lado, guiando nossos passos, mesmo quando tudo parece desmoronar.

A Bíblia nos mostra que Jesus também enfrentou o medo. No Jardim do Getsêmani, Ele sabia o que estava prestes a acontecer. Ele sabia que enfrentaria dor, humilhação e a cruz. E mesmo assim, Ele se ajoelhou e orou ao Pai. Sua oração é um dos momentos mais emocionantes da história: "Pai, se possível, afasta de mim este cálice. Mas que não seja feita a minha vontade, e sim a tua." Nessas palavras, vemos um coração humano, cheio de angústia, mas também cheio de entrega e confiança. Jesus sentiu medo, mas não permitiu que ele o impedisse de cumprir sua missão. Ele enfrentou tudo porque sabia que, através de seu sacrifício, nós teríamos vida.

Isso nos ensina que o medo não precisa ser o fim. Ele pode ser o momento em que encontramos a força para nos aproximar de Deus, para nos entregar e dizer: "Eu não consigo sozinho, mas confio em Ti." O amor de Cristo nos dá coragem para enfrentar o que parece impossível. Porque foi esse amor que o levou à cruz, que o sustentou enquanto era insultado e ferido, e que o fez perdoar mesmo quando ninguém merecia.

Sabe, quando estamos com medo, é fácil esquecer que Deus nos ama e está no controle. Mas a cruz é a maior prova desse amor. É o lembrete de que, não importa o quão assustadora seja a situação, nós temos um Deus que nos entende, que nos segura e que nunca nos deixa sozinhos. Esse amor é mais forte do que qualquer medo.

Se hoje você sente que o medo está te dominando, eu te convido a olhar para Jesus. Ele entende suas lágrimas, conhece suas dúvidas e está ao seu lado, esperando para te abraçar. Entregue a Ele o que te assusta. Diga: "Senhor, eu confio em Ti, mesmo que seja difícil." E saiba que, com Ele, não importa o tamanho da tempestade, você vai encontrar paz. Porque o amor de Deus é maior do que qualquer medo e sempre traz a luz, mesmo nas noites mais escuras.

REFLEXÃO

Em *Divertida Mente 2*, o personagem Medo tenta proteger Riley, mas muitas vezes exagera, criando barreiras desnecessárias. Isso nos faz refletir: quantas vezes deixamos de agir por medos que talvez nem sejam reais? Mesmo diante de desafios legítimos, será que nos lembramos de que Deus nos fortalece para enfrentar qualquer situação?

Jesus nos mostrou como confiar no Pai em meio à aflição. Mesmo sabendo do sofrimento que o aguardava, avançou com coragem, certo da vitória que viria. Deus nos convida a fazer o mesmo: superar o medo, confiando em sua força e amor. Que tal entregar hoje suas preocupações a Ele?

DESAFIO

Hoje, identifique um medo específico que tem pesado no seu coração. Pergunte a si mesmo: será que esse temor é maior do que a confiança que Deus me oferece? Pare por um momento e leve essa situação em oração, pedindo força para agir com coragem. Lembre-se: o Senhor já te deu as ferramentas para enfrentar os desafios. Agora é hora de dar o próximo passo, confiando no cuidado que Ele sempre demonstrou.

ORAÇÃO

Pai, reconheço que muitas vezes permito que o medo tome conta de mim. Ensina-me a olhar para Ti com confiança, lembrando que não estou sozinho nas minhas lutas. Ajuda-me a transformar minhas dúvidas em fé e minhas inseguranças em coragem. Obrigado por me fortalecer em cada situação e por me lembrar que o Teu amor me sustenta sempre.

Em nome de Jesus, amém.

DEVOCIONAL 5

ANSIEDADE

ENCONTRANDO PAZ NA CONFIANÇA EM DEUS.

"Lancem sobre ele toda a sua ansiedade, porque ele cuida de vocês."

(1 Pedro 5:7)

A ansiedade é um peso invisível, mas que sentimos profundamente. Ela chega quando tentamos controlar coisas que não podemos, quando nos preocupamos com um futuro que ainda não aconteceu ou nos deixamos dominar pelos "e se?". É como carregar uma mala cheia de pedras, sem perceber que estamos nos esgotando. Mas Deus, em sua bondade, nos faz um convite em 1 Pedro 5:7: "Lancem sobre ele toda a sua ansiedade, porque ele cuida de vocês."

Entregar nossas preocupações a Deus parece simples, mas sabemos o quanto pode ser desafiador. Quando a ansiedade toma conta, nossa mente se torna um campo de batalha, criando cenários assustadores e amplificando problemas até que eles pareçam intransponíveis. Quem nunca perdeu o sono por preocupações que, no final, nem chegaram a se concretizar? A ansiedade tenta roubar nossa paz, nos fazendo esquecer que Deus está no controle.

No entanto, Deus não nos criou para vivermos assim. Ele nos convida a descansar em sua presença, a confiar que Ele cuida de cada detalhe da nossa vida. Em Mateus 6:34, Jesus nos ensina: "Portanto, não se preocupem com o amanhã, pois o amanhã trará suas próprias preocupações. Basta a cada dia o seu próprio mal." Essas palavras nos lembram que viver um dia de cada vez é um ato de confiança em Deus.

Jesus também enfrentou momentos em que a ansiedade poderia ter tomado conta. No Jardim do Getsêmani, ele sabia que a cruz estava à sua frente. Ele sentiu o peso da angústia e orou intensamente: "Pai, se possível, afasta de mim este cálice. Contudo, que seja feita a tua vontade, e não a minha" (Lucas 22:42). Jesus nos mostrou que, mesmo diante do medo e da incerteza, podemos colocar nossas preocupações nas mãos de Deus. Ele encontrou força para enfrentar a cruz porque confiou no plano do Pai.

O cuidado divino nunca falha. Deus não apenas nos vê, mas caminha ao nosso lado. Ele entende nossas lutas internas e nos oferece paz em troca do nosso caos. Em Filipenses 4:6-7, somos encorajados: "Não andem ansiosos por coisa alguma, mas em tudo, pela oração e súplicas, e com ação de graças, apresentem seus pedidos a Deus. E a paz de Deus, que excede todo o entendimento, guardará os seus corações e as suas mentes em Cristo Jesus."

Essa paz que excede o entendimento é um presente que só Deus pode dar. Não significa que os problemas desaparecerão, mas que nosso coração pode permanecer tranquilo, mesmo em meio às tempestades. A ansiedade nos diz que estamos sozinhos, mas Deus nos lembra que Ele está conosco e que Sua graça é suficiente para cada momento.

Se hoje você sente que a ansiedade tem roubado sua paz, lembre-se de que você não precisa carregar esse peso sozinho. Entregue a Deus suas preocupações, por mais simples ou complexas que pareçam. Confie que Ele está no controle e que Sua bondade é maior do que qualquer medo. Assim como Jesus descansou na vontade do Pai, podemos encontrar descanso em saber que Deus cuida de nós com amor infinito.

Pare por um momento, respire fundo e ore. Diga a Deus o que tem te afligido e confie em suas mãos. Porque no cuidado divino, sempre há espaço para a esperança, o alívio e um novo começo.

REFLEXÃO

Em *Divertida Mente 2*, Riley enfrenta ansiedade com a mudança de cidade, saudade e medo do desconhecido, refletindo o que muitos sentem diante de desafios. Nesses momentos, é fácil esquecer que há alguém cuidando de nós mesmo na incerteza.

Jesus nos ensinou a confiar nossas preocupações a Deus, lançando sobre Ele aquilo que nos sobrecarrega. Não é fácil abrir mão do controle, mas é nessa entrega que encontramos a paz e a certeza de que não estamos sozinhos.

Lembre-se: Deus já cuidou de nossa maior necessidade na cruz. Se Ele fez isso, por que duvidar que também cuidará das suas preocupações diárias?

DESAFIO

Hoje, pense em algo que tem tirado sua paz. O que você tem segurado nas mãos com medo de entregar a Deus? Será que esse peso precisa mesmo ser carregado sozinho? Lembre-se de que Deus já te convidou a lançar sobre Ele tudo aquilo que gera ansiedade. Confie que Ele está cuidando de você, mesmo quando os seus olhos não conseguem enxergar o caminho.

ORAÇÃO

Senhor, muitas vezes a ansiedade toma conta de mim e eu tento carregar um peso que não consigo suportar. Ensina-me a confiar mais em Ti, entregando cada preocupação em Tuas mãos. Ajuda-me a lembrar que Teu cuidado nunca falha e que posso descansar em Tua presença. Obrigado por estar comigo em todos os momentos, trazendo paz ao meu coração.

Em nome de Jesus, amém.

DEVOCIONAL 6

ORGULHO

Humildade: Caminhando na dependência de Deus.

"O orgulho vem antes da destruição; o espírito altivo, antes da queda."

(Provérbios 16:18)

O orgulho é algo que, muitas vezes, se escondem dentro de nós sem que percebamos. Ele não precisa de palavras para se expressar, pois se revela em nossas atitudes, pensamentos e escolhas. É aquele sentimento que nos faz acreditar que podemos tudo sozinhos, que somos autossuficientes e que não precisamos de ninguém, nem mesmo de Deus. Mas a Bíblia nos alerta que esse é um caminho perigoso, porque nos afasta da verdadeira fonte de força e sabedoria: o Senhor.

O problema do orgulho é que ele cria uma ilusão. Ele nos faz pensar que podemos controlar tudo, que somos fortes o suficiente para sustentar nossas vidas por conta própria. Mas será que realmente conseguimos? Quando confiamos apenas em nós mesmos, ficamos vulneráveis. A vida é cheia de desafios que estão além do nosso controle, e tentar enfrentá-los sem a direção de Deus pode nos levar a quedas dolorosas.

Por outro lado, a humildade nos ensina a reconhecer nossas limitações. Ela nos lembra de que não somos perfeitos e de que, sozinhos, não temos todas as respostas. Mas essa não é uma mensagem de fraqueza. Pelo contrário, a humildade é uma escolha sábia, porque nos leva a depender de Deus — aquele que conhece todas as coisas, que vê o início e o fim e que tem o poder de nos conduzir no melhor caminho.

Jesus é o maior exemplo de humildade. Ele, que é o Filho de Deus, não veio ao mundo para ser servido, mas para servir. Ele lavou os pés dos discípulos, uma tarefa que, na época, era considerada humilhante. E, acima de tudo, Ele se entregou na cruz por nós. A cruz é o símbolo máximo de humildade, pois nela Jesus escolheu abrir mão de Sua glória para que pudéssemos ter vida. Filipenses 2:8 nos diz: "Ele humilhou-se a si mesmo e foi obediente até a morte, e morte de cruz."

Esse exemplo nos mostra que a verdadeira grandeza não está em exaltar a nós mesmos, mas em servir, em colocar a vontade de Deus acima da nossa e em confiar que Ele sabe o que é melhor. A humildade abre espaço para Deus agir em nossas vidas. Quando reconhecemos que precisamos Dele, encontramos segurança, propósito e a verdadeira força para enfrentar os desafios.

O orgulho, por sua vez, nos engana. Ele nos faz pensar que estamos no controle, mas a verdade é que ele nos distancia de Deus e das pessoas ao nosso redor. Relacionamentos são prejudicados pela arrogância, e momentos preciosos de crescimento e aprendizado são perdidos quando achamos que já sabemos tudo.

Que tal refletir sobre isso hoje? Será que, em algum momento, temos deixado o orgulho nos impedir de nos aproximar de Deus ou de sermos verdadeiros com os outros? Quando somos humildes, colocamos nossas vidas nas mãos de Deus e permitimos que Ele nos guie. E a beleza disso é que, ao depender Dele, não somos diminuídos, mas elevados. Deus resiste aos orgulhosos, mas dá graça aos humildes (Tiago 4:6).

Então, escolha a humildade. Reconheça que você não precisa carregar tudo sozinho e que depender de Deus não é sinal de fraqueza, mas de sabedoria. Como Jesus nos ensinou, é no ato de nos rebaixarmos diante de Deus que encontramos o verdadeiro caminho para a grandeza. Entregue a Ele suas preocupações e confie que o guiará com amor e cuidado. Afinal, a humildade não é apenas uma virtude, mas o caminho para uma vida plena na presença do Senhor.

REFLEXÃO

Em *Divertida Mente* 2, o orgulho da personagem Alegria a faz tentar resolver tudo sozinha, ignorando o valor das outras emoções, especialmente da Tristeza. Isso nos lembra de como, muitas vezes, confiamos apenas em nossas forças, esquecendo da ajuda de Deus e das pessoas ao nosso redor.

Jesus nos deu o exemplo oposto: sendo o Salvador, agiu com humildade, lavando os pés dos discípulos e acolhendo os desprezados. O orgulho nos derruba, mas a cruz nos ensina que, em nossa fraqueza, encontramos força em Deus.

Quando reconhecemos nossa dependência dele, o peso do controle desaparece. O que você está segurando sozinho e precisa entregar a Deus hoje?

DESAFIO

Reflita sobre as áreas da sua vida onde o orgulho pode estar escondido. Será que você tem evitado pedir ajuda, reconhecendo suas limitações? E quanto a Deus: você tem se apoiado Nele ou tem confiado apenas na sua força? Lembre-se de que a humildade não é fraqueza, mas uma ponte para experimentar o cuidado divino. Abra seu coração para depender de Deus e confie no que Ele pode fazer.

ORAÇÃO

Pai, ajuda-me a reconhecer as vezes em que o orgulho me afasta de Ti e das pessoas. Ensina-me a ser humilde, a caminhar com o coração aberto e a confiar plenamente no Teu cuidado. Quero depender de Ti em todas as coisas e aprender a valorizar os outros como Jesus fez. Que meu orgulho não me cegue, mas que a humildade transforme minha vida.

Em nome de Jesus, amém.

DEVOCIONAL 7

NOJINHO

SEPARANDO O QUE É IMPURO E BUSCANDO SANTIDADE.

"Bem-aventurados os puros de coração, pois verão a Deus."
(Mateus 5:8)

A busca pela pureza é um chamado especial que Deus faz para todos nós. Mas o que significa ser puro? Não é ser perfeito ou nunca errar, porque isso nenhum de nós consegue. Ser puro de coração é ser sincero diante de Deus, é querer se aproximar mais dele e deixar de lado tudo aquilo que nos afasta do seu amor. Jesus, no Sermão do Monte, nos deu uma promessa incrível: "Bem-aventurados os puros de coração, pois verão a Deus" (Mateus 5:8).

Essa pureza vai além do que fazemos. É sobre o que permitimos entrar e morar em nosso coração e em nossa mente. As nossas intenções e pensamentos têm um impacto enorme no tipo de pessoa que somos. É como cuidar de um jardim: aquilo que plantamos, regamos e deixamos crescer define o que vamos colher.

Mas a verdade é que o mundo está cheio de coisas que tentam poluir esse "jardim" dentro de nós. Muitas vezes, somos cercados por palavras que machucam, atitudes egoístas ou influências que nos empurram para longe do que Deus planejou para nós. Quando aceitamos essas coisas sem pensar, é fácil nos sentirmos confusos, desanimados ou até distantes de Deus.

Por isso, buscar a pureza é aprender a discernir, ou seja, diferenciar o que nos faz bem do que nos faz mal e Deus nos ajuda nesse processo. Ele nos ensina a sermos mais seletivos com o que ouvimos, vemos ou fazemos. É como escolher os melhores ingredientes para uma receita: só com alimentos de qualidade o resultado será algo saudável e saboroso. Da mesma forma, quando alimentamos nossa mente e coração com coisas boas — como a Palavra de Deus, a oração e o amor ao próximo — nossa vida começa a refletir a luz de Deus.

Jesus é o exemplo perfeito disso. Ele viveu em um mundo cheio de pecado, ódio e egoísmo, mas nunca se deixou contaminar. Ele respondeu ao mal com bondade, resistiu às tentações e mostrou que estar conectado ao Pai é o segredo para viver uma vida de santidade. E, assim como Ele, podemos aprender a depender de Deus para transformar nosso coração.

Essa transformação começa quando fazemos escolhas conscientes: abrir mão do que é impuro e pedir ao Espírito Santo que nos guie. Não é algo que acontece de uma vez, mas um processo diário, cheio de aprendizados. Quando buscamos a Deus de coração sincero, Ele nos limpa, renova nossas forças e nos ajuda a viver de um jeito que reflete Seu amor.

Você já pensou no que pode estar ocupando espaço no seu coração? Hoje é uma boa oportunidade para refletir sobre isso e pedir a Deus que te ajude a buscar a pureza. Lembre-se: ser puro não é sobre ser perfeito, mas sobre se aproximar cada vez mais de Deus e deixar que transforme quem você é. Afinal, a promessa continua: os puros de coração verão a Deus. Que privilégio maior poderíamos querer?

REFLEXÃO

Em *Divertida Mente 2*, a personagem Nojinho protege Riley, filtrando o que pode ser prejudicial. Deus nos chama a fazer o mesmo: discernir o que entra em nosso coração e mente. Será que temos cuidado do que alimenta nossos pensamentos e atitudes?

Jesus nos lembra que o perigo real está no que habita dentro de nós. Ele deseja purificar nosso coração, mas isso exige entregar nossas falhas e aceitar sua direção. Viver em santidade é rejeitar o que nos afasta de Deus e abraçar o que nos aproxima.

Com Deus, encontramos força para dizer "não" ao que contamina e "sim" ao que nos santifica.

DESAFIO

Hoje, analise o que tem preenchido sua mente e coração. Será que há algo que está roubando sua paz ou afastando você de Deus? Pense em como pode filtrar melhor suas escolhas e entregá-las ao Senhor. Lembre-se de que a santidade é um convite diário. Que mudanças práticas você pode fazer para buscar mais pureza em sua vida?

ORAÇÃO

Pai, quero te entregar meu coração para que seja purificado por Ti. Ajuda-me a discernir o que é bom e a rejeitar o que pode me afastar de Ti. Ensina-me a buscar a santidade em todas as áreas da minha vida, vivendo de maneira que Te agrade. Obrigado por me chamar para perto e por me dar a força para viver com um coração puro.

Em nome de Jesus, amém.

DEVOCIONAL 8

VERGONHA

COMO JESUS CARREGOU NOSSA VERGONHA NA CRUZ PARA QUE PUDÉSSEMOS VIVER LIVRES.

"Ele tomou sobre si as nossas enfermidades e levou as nossas dores."

(Isaías 53:4)

A vergonha é um fardo que pesa no coração. Ela nos faz olhar para dentro de nós mesmos com críticas duras, como se nunca fôssemos bons o suficiente. Esse sentimento nos aprisiona em um ciclo de culpa, nos faz querer esconder nossos erros e até evitar as pessoas. Mas Deus, em seu amor infinito, não quis que vivêssemos assim. Ele fez algo extraordinário: enviou Jesus para carregar toda a nossa vergonha e nos dar liberdade.

Em Isaías 53, vemos uma das descrições mais poderosas do que Cristo fez por nós. Ele foi humilhado, rejeitado e castigado — mesmo sendo perfeito. O texto diz que "Ele tomou sobre si as nossas enfermidades e levou as nossas dores", e também a vergonha dos nossos pecados. Na cruz, Jesus levou tudo o que nos afastava de Deus: nossos erros, nossas falhas e aquele sentimento de que nunca seríamos dignos.

Jesus sabia que a cruz seria um lugar de dor e humilhação, mas mesmo assim escolheu passar por tudo isso por amor a nós. Ele não carregou apenas nossos pecados, mas também a vergonha que vem com eles. Ele assumiu o que não era dele, para que pudéssemos ser livres de tudo o que nos prende.

A vergonha tenta nos convencer de que somos definidos pelos nossos erros, mas Jesus nos oferece uma nova identidade. Ele não nos vê como falhos ou imperfeitos. Na cruz, Ele apagou a culpa e nos deu o título mais bonito que poderíamos ter: filhos de Deus. Isso significa que não importa o que tenhamos feito ou quão grande seja nossa vergonha, o amor de Deus é maior e nos renova completamente.

Quando olhamos para a cruz, somos convidados a deixar o peso do passado para trás. Jesus já pagou o preço por tudo. Ele não quer que vivamos presos em arrependimentos ou pensamentos de que não somos dignos. Ele nos chama a viver na liberdade que vem de saber que somos amados e aceitos por Deus exatamente como somos.

Mas viver essa liberdade exige algo de nós: a coragem de confiar em Deus e entregar a Ele a nossa vergonha. Não é fácil. Muitas vezes, queremos nos esconder, como Adão e Eva fizeram no jardim, tentando evitar a luz de Deus por medo de sermos julgados. Mas Deus não nos chama para viver nas sombras. Ele nos chama para a luz, onde Sua graça cobre nossos erros e nos transforma.

Será que estamos prontos para deixar de lado o peso do passado? Para abandonar a vergonha que carregamos e aceitar a liberdade que Jesus nos oferece? Ele já fez o que era necessário. Agora, cabe a nós darmos o próximo passo: confiar Nele, entregar nossa dor e aceitar a nova vida que Ele nos dá.

Se você sente que a vergonha tem sido uma barreira, lembre-se: Jesus enfrentou a cruz por você. Ele tomou sobre si tudo o que você carrega e te oferece uma vida livre, cheia de propósito e paz. Aceite esse presente. Não viva mais preso ao que ficou para trás. Em Cristo, você é renovado e amado – e isso é tudo o que importa.

REFLEXÃO

No *Divertida Mente 2*, Riley sente vergonha por achar que decepcionou os pais. Esse sentimento a deixa presa e com medo de dizer o que realmente sente. Muitas vezes, fazemos o mesmo: deixamos a vergonha nos afastar de Deus e das pessoas. Mas, assim como Riley, quando somos honestos sobre nossas emoções, nos aproximamos de quem nos ama.

Jesus levou toda a nossa vergonha na cruz. Ele enfrentou humilhação para que não precisássemos carregar esse peso. Você acredita que o sacrifício dele é suficiente para libertar você?

Jesus nos chama para viver sem culpa. Ele nos lembra que não somos nossos erros, mas o amor que Ele demonstrou por nós. Aceite isso e viva em paz!

DESAFIO

Pense naquilo que tem causado vergonha em sua vida. Será que você está carregando um peso que Jesus já levou por você? Lembre-se de que Ele enfrentou a cruz para que você pudesse viver em liberdade. Hoje, entregue a Ele suas preocupações e permita que o sacrifício de Cristo transforme sua forma de enxergar a si mesmo.

ORAÇÃO

Senhor, obrigado porque Jesus levou sobre si minha vergonha e meus pecados. Ajuda-me a lembrar que a cruz me deu liberdade e que não preciso mais carregar esse fardo. Ensina-me a viver com confiança em Teu amor, sabendo que sou aceito e amado por Ti. Obrigado por me dar uma nova identidade em Cristo e pela paz que só Tu podes oferecer.

Em nome de Jesus, amém.

DEVOCIONAL 9

TÉDIO

COMO TRANSFORMAR O TÉDIO EM UMA OPORTUNIDADE DE BUSCAR E SERVIR A DEUS NAS PEQUENAS COISAS.

"Tudo quanto te vier à mão para fazer, faze-o conforme as tuas forças."

(Eclesiastes 9:10)

O tédio é algo que todos nós já sentimos. Ele aparece quando nossas tarefas diárias parecem repetitivas, quando sentimos que nada ao nosso redor tem sentido ou quando simplesmente nos desconectamos do propósito maior da vida. É uma sensação que pode nos fazer perder tempo e deixar de perceber o valor dos momentos simples. Mas Deus nos chama a ver tudo de uma forma diferente.

Em Eclesiastes 9:10, Salomão nos lembra: "Tudo quanto te vier à mão para fazer, faze-o conforme as tuas força." Isso nos desafia a viver cada momento com dedicação, sabendo que a vida é breve e cheia de oportunidades preciosas. Mesmo as tarefas mais simples podem ter um propósito maior quando as fazemos de coração.

Mas como transformar o tédio em algo significativo? A resposta está em incluir Deus em tudo o que fazemos. Muitas vezes, achamos que Ele só está presente nos momentos grandiosos, como conquistas ou celebrações. No entanto, Deus também está nas pequenas coisas — na gentileza de ajudar alguém, no cuidado ao realizar uma tarefa ou até no descanso necessário para recarregar as energias.

Pense em Jesus, Ele transformou o comum em extraordinário. Quando lavou os pés dos discípulos, um ato simples e até desprezado por outros, Ele mostrou amor e humildade. Quando partiu o pão, fez disso um momento profundo de comunhão e significado. Esses momentos, que poderiam passar despercebidos, se tornaram exemplos de como a vida ganha valor quando vivemos com propósito e intenção.

O tédio muitas vezes surge quando olhamos para o que fazemos como algo sem valor. Mas e se começarmos a enxergar cada pequeno ato como uma oportunidade de glorificar a Deus? Seja ao limpar a casa, cuidar da família ou até lidar com tarefas desafiadoras no trabalho, tudo pode ser uma forma de mostrar gratidão e amor por Ele.

Além disso, incluir Deus em nosso dia a dia muda nossa perspectiva. Quando estamos conectados a Ele, percebemos que nada é insignificante. Cada momento pode ser uma chance de aprender, crescer ou abençoar alguém. Até mesmo o descanso, quando feito com a intenção de renovar forças para continuar a servir, é valioso.

Se você tem se sentido entediado ou desconectado, reflita: como posso incluir Deus no que estou fazendo agora? O tédio pode ser um convite para reorganizar nossas prioridades e nos lembrar de que a vida é um presente. Quando vivemos com Deus no centro, o ordinário se torna extraordinário, e até os momentos mais simples ganham significado.

Lembre-se de que Jesus viveu de forma intencional em tudo. Ele nos mostrou que até as tarefas mais simples podem refletir o amor de Deus. E nós, estamos prontos para fazer o mesmo? Ao entregarmos cada momento a Ele, descobrimos que o tédio pode se transformar em propósito e que, com Deus, nada é sem valor.

REFLEXÃO

Em *Divertida Mente 2*, Riley sente tédio quando sua vida parece sem graça. Ela perde o interesse nas coisas que antes a faziam feliz, algo que também sentimos quando a rotina nos desanima. Mas será que estamos percebendo as pequenas oportunidades ao nosso redor para buscar a Deus?

Deus nos convida a viver com propósito, até nas tarefas simples. Pergunte: "Como posso fazer isso para agradar a Deus?" Quando entregamos nossos momentos a Ele, até as pequenas ações têm grande valor. Cada gesto pode ser uma forma de amar e cuidar.

Jesus valorizou as coisas simples e nos mostrou como tudo pode ter significado. O tédio pode ser uma chance de mudar a forma como vemos nosso dia.

DESAFIO

Hoje, ao realizar qualquer tarefa, grande ou pequena, faça-a como se estivesse servindo a Deus. Será que você consegue transformar o que parece repetitivo em algo cheio de propósito? Reflita: como posso usar esses momentos para me conectar mais com o Senhor e para abençoar os outros ao meu redor?

ORAÇÃO

Pai, ajuda-me a enxergar propósito em cada momento da minha vida. Ensina-me a transformar o tédio em uma oportunidade para Te buscar e servir, mesmo nas tarefas mais simples. Obrigado, porque tudo o que faço pode ter valor quando feito para Ti. Que minha vida seja um reflexo do Teu amor, em grandes e pequenos gestos.

Em nome de Jesus, amém.

DEVOCIONAL 10

INVEJA

SUPERANDO A INVEJA COM A GRATIDÃO DE DEUS.

"Pois onde há inveja e ambição egoísta, aí há confusão e toda espécie de males."

(Tiago 3:16)

A inveja é um sentimento que corrói silenciosamente. Ela surge quando olhamos para o que os outros têm — seja uma conquista, um talento ou até mesmo um momento de felicidade — e desejamos aquilo para nós, como se o que temos fosse insuficiente. Esse sentimento nos faz esquecer das bênçãos que Deus já colocou em nossa vida, desviando nosso foco do que realmente importa.

Tiago 3:16 nos alerta: "Pois onde há inveja e ambição egoísta, aí há confusão e toda espécie de males." A inveja não é uma emoção isolada; ela traz consigo descontentamento, frustração e, muitas vezes, atitudes que prejudicam a nós mesmos e aos outros. Quanto mais alimentamos a inveja, mais nos distanciamos da paz e da alegria que Deus deseja para nós.

Mas Deus, em sua bondade, nos oferece um antídoto poderoso para a inveja: a gratidão. Quando cultivamos um coração grato, começamos a enxergar as bênçãos que já temos, por menores que pareçam. Gratidão é um ato de fé que nos conecta ao cuidado constante de Deus. É reconhecer que Ele nos dá exatamente o que precisamos, no tempo certo, de acordo com sua vontade perfeita.

Já parou para pensar em quantas coisas boas você tem? A saúde, a família, o alimento diário, um teto sobre a cabeça, ou até mesmo a força para enfrentar os desafios? Quando agradecemos, nosso coração se enche de paz e a comparação perde a força. A gratidão nos ajuda a focar no que temos, e não no que nos falta.

Jesus é o exemplo perfeito de como viver livre da inveja. Ele nunca desejou a glória para si, mesmo sendo o Filho de Deus. Ao contrário, ele viveu para cumprir a vontade do Pai. Ele se alegrava com as vitórias dos outros e ensinava que o maior valor está em servir com humildade. Durante sua vida na Terra, nos mostrou que a verdadeira satisfação vem de um coração cheio de amor, contentamento e gratidão.

Seguir o exemplo de Jesus é aprender a celebrar, tanto nossas bênçãos quanto as dos outros. Isso significa não apenas reconhecer o que Deus nos deu, mas também se alegrar genuinamente pelas vitórias das pessoas ao nosso redor. Em vez de competir ou nos comparar, podemos escolher a empatia, o louvor e o amor.

Se você sente que a inveja tem roubado sua paz, peça a Deus que transforme seu coração. Comece hoje mesmo a praticar a gratidão. Tire um momento para refletir sobre as bênçãos que já fazem parte da sua vida. Agradeça pelas coisas simples, pelas pessoas que te cercam e até pelos desafios que te fortalecem.

Quando confiamos em Deus e reconhecemos sua bondade, a inveja perde espaço. O contentamento cresce, e nossa visão se alinha com a perspectiva divina. Com um coração grato, encontramos paz, propósito e alegria, vivendo como Jesus nos ensinou: satisfeitos com o que temos e abertos para servir e amar. Afinal, a verdadeira riqueza está em caminhar ao lado de Deus, sabendo que Ele supre todas as nossas necessidades no tempo certo.

REFLEXÃO

Em *Divertida Mente 2*, as emoções de Riley trabalham juntas para ajudá-la. Imagine se uma dessas emoções ficasse com inveja da outra, querendo mais destaque. Isso traria confusão, pois a inveja nos afasta da harmonia e da paz.

Deus nos chama a viver com gratidão. Quando olhamos para a cruz, lembramos que ele já nos deu a maior bênção: a salvação. Se temos isso, por que nos comparar ou desejar o que não temos? Nosso valor está no amor de Deus, não em posses ou conquistas.

A inveja nos faz esquecer que Deus tem planos únicos para cada um de nós. Quando celebramos a vitória dos outros e agradecemos pelo que temos, encontramos verdadeira alegria. Que tal começar agora a praticar a gratidão em sua vida?

DESAFIO

Tire um momento para refletir sobre algo que tem causado comparação ou inveja em seu coração. Será que você está esquecendo de valorizar as bênçãos que já recebeu? Hoje, agradeça a Deus por pelo menos três coisas que Ele fez por você e escolha se alegrar com as conquistas de alguém ao seu redor.

ORAÇÃO

Senhor, muitas vezes permito que a inveja tome espaço em meu coração. Ajuda-me a confiar no Teu plano para a minha vida e a reconhecer as bênçãos que já recebi. Ensina-me a ser grato e a celebrar o que fazes na vida dos outros. Obrigado, porque teu amor é suficiente e porque minha identidade está em Ti, não em comparações.

Em nome de Jesus, amém.

DEVOCIONAL 11

GRATIDÃO

AGRADECENDO EM TODAS AS CIRCUNSTÂNCIAS.

"Deem graças em todas as circunstâncias, pois esta é a vontade de Deus para vocês em Cristo Jesus."

(1 Tessalonicenses 5:18)

A gratidão é muito mais do que um simples "obrigado". É uma prática que nos ensina a enxergar além das circunstâncias, a perceber o cuidado de Deus, mesmo nos momentos difíceis. Quando o apóstolo Paulo escreveu aos Tessalonicenses, ele disse: "Deem graças em todas as circunstâncias, pois esta é a vontade de Deus para vocês em Cristo Jesus" (1 Tessalonicenses 5:18). Isso não significa que devemos fingir alegria nos desafios, mas sim reconhecer que Deus está conosco em todas as fases da vida.

Agradecer em meio aos problemas pode parecer difícil, e muitas vezes realmente é. Afinal, como agradecer quando tudo parece estar desmoronando? Mas é exatamente esse tipo de gratidão que tem o poder de transformar nosso coração. Quando escolhemos agradecer, nosso foco muda, em vez de olhar apenas para as dificuldades, começamos a enxergar as bênçãos que continuam presentes.

A gratidão nos lembra de que, independentemente do que enfrentamos, Deus está trabalhando. Ele nunca nos abandona, e sua graça é suficiente para nos sustentar. Já parou para pensar que, mesmo nos dias mais sombrios, sempre há algo pelo qual podemos ser gratos? Um sorriso de alguém querido, a força para enfrentar mais um dia, ou até mesmo o aprendizado que surge em meio às dificuldades.

Jesus nos mostrou o que é viver uma vida de gratidão. Antes de alimentar a multidão com cinco pães e dois peixes, ele agradeceu ao Pai, confiando que o pouco seria suficiente nas mãos de Deus. Antes de enfrentar a cruz, ele novamente deu graças. Esse exemplo nos ensina que a gratidão não depende do que temos ou do que vemos, mas da confiança em um Deus que nos ama profundamente e está no controle.

A prática da gratidão tem o poder de trazer paz. Quando paramos para agradecer, mesmo que apenas por pequenos detalhes, abrimos espaço para que Deus transforme nossa perspectiva. A tempestade pode não desaparecer de imediato, mas a gratidão nos lembra de que não estamos sozinhos, e isso muda tudo.

Seja qual for sua situação hoje, experimente reservar um momento para refletir sobre as bênçãos que você já tem. Comece com coisas simples, como o ar que você respira ou a possibilidade de mais um dia. Agradeça a Deus por essas dádivas e peça a ele que te ajude a enxergar seu cuidado, mesmo nos momentos desafiadores.

A gratidão não é apenas uma resposta às coisas boas da vida; é uma escolha de confiar em Deus em todas as circunstâncias. Quando vivemos com um coração grato, nos aproximamos mais dele, crescemos em fé e descobrimos que, em qualquer situação, podemos encontrar paz. Afinal, a gratidão é um reflexo de um coração que reconhece o imenso amor de Deus por nós.

REFLEXÃO

Em *Divertida Mente 2*, Riley descobre o valor das pequenas coisas e aprende a ser grata por elas. Isso nos faz pensar: temos agradecido pelas bênçãos que já temos?

A vida nem sempre é fácil, mas Deus nos convida a ter um coração grato, porque Ele nunca nos abandona. Quando agradecemos, percebemos o cuidado de Deus até nos dias difíceis. Será que conseguimos parar e agradecer, mesmo quando as coisas não saem como planejado?

A cruz nos mostra que sempre há motivos para agradecer. Jesus deu sua vida por nós, garantindo um futuro com ele. Se ele fez isso, podemos confiar em seu amor e cuidado em qualquer momento.

Desafio

Hoje, reserve um momento para listar três coisas pelas quais você é grato. Pense nas pequenas e grandes bênçãos, até mesmo nos desafios que o fizeram crescer. Como seria sua vida se, em vez de reclamar, você escolhesse agradecer? Reflita sobre como a gratidão pode transformar sua maneira de enxergar o mundo ao seu redor.

Oração

Senhor, obrigado por estar comigo em todas as circunstâncias, sejam elas boas ou desafiadoras. Ensina-me a ter um coração grato e a reconhecer o teu cuidado em cada detalhe da minha vida. Ajuda-me a confiar em Ti e a louvar-Te mesmo nos dias difíceis, sabendo que Teu amor nunca falha.

Em nome de Jesus, amém.

DEVOCIONAL 12

AMOR

VIVENDO O AMOR QUE TRANSFORMA.

"Amados, amemos uns aos outros, porque o amor procede de Deus; e todo aquele que ama é nascido de Deus e conhece a Deus."

(1 João 4:7)

O amor é o maior presente de Deus para a humanidade, a essência do que Ele é e o fundamento de toda a criação. Em 1 João 4:7, lemos: "Amados, amemos uns aos outros, pois o amor procede de Deus. Aquele que ama é nascido de Deus e conhece a Deus." Isso nos lembra que o amor verdadeiro não vem de nós, mas de Deus. Ele nos amou primeiro e, ao experimentarmos esse amor, somos chamados a refletir isso no modo como tratamos as pessoas ao nosso redor.

Mas vamos ser honestos: amar como Deus ama nem sempre é fácil. O amor dele é paciente, generoso e muitas vezes exige sacrifício. Ele vai além de sentimentos momentâneos ou palavras bonitas; é um amor ativo, que se mostra em ações. Você já pensou em como suas atitudes no dia a dia podem refletir o amor de Deus?

Amar como Deus significa perdoar quem nos feriu, ter paciência quando é mais fácil explodir, e ajudar mesmo quando não recebemos nada em troca. É um tipo de amor que exige esforço e escolha. Jesus nos deu o exemplo perfeito disso, ele não apenas falou sobre amor, mas viveu esse amor em tudo o que fez. Ele lavou os pés dos discípulos, curou os doentes e, o mais incrível, entregou sua vida por nós.

A cruz é a maior prova de que o amor de Deus não tem limites. Jesus morreu por nós quando ainda estávamos distantes, pecadores, sem merecer esse sacrifício. Ele nos mostrou que o amor não é sobre o que o outro pode fazer por nós, mas sobre escolher amar, mesmo quando é difícil.

E esse tipo de amor tem poder. Ele cura feridas, une corações e transforma vidas. Quando permitimos que o amor de Deus flua através de nós, não apenas somos transformados, mas também impactamos aqueles ao nosso redor. Pequenos atos de amor — um sorriso, uma palavra de incentivo, um gesto de ajuda — podem fazer uma diferença enorme na vida de alguém.

Mas amar dessa maneira requer coragem. Requer abrir mão do egoísmo, deixar de lado ressentimentos e estar disposto a estender a mão, mesmo para quem nos machucou. É fácil amar quem nos trata bem, mas Jesus nos desafia a ir além: "Ame seus inimigos e ore por aqueles que te perseguem" (Mateus 5:44).

Se você acha difícil viver esse tipo de amor, não se preocupe. Deus não espera que façamos isso sozinhos. Ele nos dá força por meio do Espírito Santo, que nos ajuda a amar como ele ama.

Hoje, reflita sobre como você pode demonstrar mais amor em suas ações. Pode ser perdoando alguém, ajudando quem está em necessidade ou simplesmente sendo mais gentil. Lembre-se: o amor de Deus não apenas nos transforma, mas também transforma o mundo ao nosso redor. E que o privilégio é sermos instrumentos desse amor!

Será que estamos dispostos a sair da nossa zona de conforto e amar como Jesus nos ensinou? Esse é o chamado que Deus faz a cada um de nós: viver um amor que cura, restaura e nos aproxima dele e uns dos outros.

REFLEXÃO

Em *Divertida Mente 2*, as emoções de Riley mostram que o amor está no centro das conexões. Não são os momentos perfeitos que nos unem, mas o cuidado e a empatia em tempos bons e difíceis. O amor verdadeiro aparece nos gestos simples, nas palavras de apoio e no compromisso de estar presente.

Jesus nos mostrou o maior exemplo de amor: Ele curou, acolheu e deu sua vida por nós. Será que nosso amor pelos outros reflete isso? Amar como Cristo é desafiador, mas dá sentido à nossa vida.

Amar não é sempre fácil, mas é escolher o bem do outro acima do nosso. Quando vivemos assim, mostramos ao mundo quem Deus é.

DESAFIO

Hoje, reflita sobre como você tem demonstrado o amor de Deus. Será que há alguém em sua vida precisando de um gesto de carinho ou uma palavra de incentivo? Lembre-se: o amor que vem de Deus é ativo e ultrapassa barreiras. Pense em uma forma prática de mostrar esse amor hoje, seja em casa, no trabalho ou com um amigo.

ORAÇÃO

Pai, obrigado pelo Teu amor, que transforma e renova minha vida. Ensina-me a amar como Jesus amou, com paciência, generosidade e sacrifício. Ajuda-me a enxergar as necessidades dos outros e a ser um reflexo do Teu amor em cada gesto. Que minha vida seja um testemunho da Tua graça e bondade.

Em nome de Jesus, amém.

DEVOCIONAL 13

RAIVA

CONTROLANDO A RAIVA E BUSCANDO A PAZ DE DEUS EM MEIO ÀS PROVOCAÇÕES.

"Quando vocês ficarem irados, não pequem. Apaziguem a sua ira antes que o sol se ponha."

(Efésios 4:26)

Sentir raiva é algo comum. É uma reação natural, muitas vezes despertada quando algo nos frustra ou parece injusto. Mas, apesar de ser uma emoção normal, a raiva pode se tornar perigosa quando deixamos que ela controle nossas ações. Paulo, em sua carta aos Efésios, nos dá um alerta: "Quando vocês ficarem irados, não pequem. Apaziguem a sua ira antes que o sol se ponha" (Efésios 4:26). Ele nos lembra que a raiva, quando mal administrada, pode se transformar em um problema ainda maior.

O problema não está em sentir raiva, mas no que escolhemos fazer com ela. Quando permitimos que a raiva permaneça em nosso coração, ela pode crescer e se transformar em rancor, mágoa ou até atitudes destrutivas. Isso não apenas fere nossos relacionamentos, mas também nos distancia de Deus. Guardar esse peso nos faz perder a paz e a alegria, nos deixando presos em sentimentos que só aumentam a dor.

Você já parou para pensar no impacto que a raiva pode ter na sua vida? Será que vale a pena carregar sentimentos que trazem tristeza e afastamento? Deus, em sua infinita bondade, nos oferece uma alternativa: sua paz. Essa paz nos capacita a reagir com sabedoria, mesmo quando somos provocados. Ele nos convida a entregar nossa raiva a Ele, permitindo que seu amor transforme nossa maneira de responder aos desafios.

Jesus é o exemplo perfeito de como lidar com a raiva de forma saudável. Ele enfrentou insultos, rejeição e humilhação durante sua vida e, especialmente, em seu caminho até a cruz. Ele tinha todos os motivos para reagir com explosão ou ódio, mas escolheu o caminho da paz. Mesmo diante da injustiça, respondeu com amor, compaixão e perdão. Suas palavras na cruz ecoam até hoje: "Pai, perdoa-lhes, pois não sabem o que fazem" (Lucas 23:34).

Esse exemplo de Jesus nos mostra que a verdadeira força está no autocontrole. Ser capaz de responder com calma e buscar reconciliação, em vez de divisão, é uma demonstração de caráter e maturidade. Deus nos chama a seguir esse caminho, confiando Nele para nos ajudar a controlar nossa raiva e a escolher a paz.

Se hoje você está lutando com a raiva, leve isso a Deus. Fale com Ele em oração e entregue os sentimentos que estão pesando em seu coração. Peça sabedoria para reagir de maneira que promova a reconciliação e o entendimento. E lembre-se de que Deus está ao seu lado, pronto para te dar força e te guiar no caminho da paz.

Escolher a paz não significa ignorar a injustiça, mas decidir não ser dominado pela raiva. É agir com amor, refletindo o caráter de Deus em nossas atitudes. Que tal seguir o exemplo de Jesus e deixar que a paz de Deus tome conta do seu coração? Afinal, é na calma e no perdão que encontramos a verdadeira força para transformar conflitos em oportunidades de crescimento e reconciliação.

REFLEXÃO

Quando alguém te irrita, como você reage? Consegue controlar suas palavras ou deixa a raiva falar mais alto? Em *Divertida Mente* 2, o personagem Raiva cresce como uma chama descontrolada, mostrando que, quando não é bem administrada, só piora a situação. Será que nossas reações trazem paz ou criam mais conflitos?

Jesus nos ensina o caminho da calma e do perdão. Ele, que poderia revidar com autoridade, escolheu a serenidade. Controlar a raiva não é ignorar o que sentimos, mas responder com sabedoria e amor.

Guardar rancor é um peso que Deus não quer que carreguemos. Ao entregar nossa raiva a Ele, encontramos a leveza e a paz que só Ele pode dar. Está pronto para isso hoje?

DESAFIO

Pense em um momento recente em que você ficou com raiva. Como você poderia ter respondido de uma forma que trouxesse mais paz? Se há alguém com quem você se desentendeu, ore por essa pessoa e, se possível, procure restaurar o relacionamento. Lembre-se de que Deus nos chama a ser pacificadores, mesmo quando provocados.

ORAÇÃO

Senhor, reconheço que muitas vezes permito que a raiva me domine e que minha reação nem sempre reflete o Teu amor. Ensina-me a controlar minhas emoções e a buscar Tua paz em meio às provocações. Ajuda-me a ser um pacificador, levando reconciliação onde há conflito. Obrigado por me lembrar que Tua força está comigo em cada situação.

Em nome de Jesus, amém.

DEVOCIONAL 14

ANSIEDADE

O Consolo Que Alivia a Alma.

"Quando a ansiedade já me dominava no íntimo, o teu consolo trouxe alívio à minha alma"

(Salmo 94:19)

A ansiedade é um fardo silencioso que invade o coração e a mente, roubando a paz e obscurecendo a esperança. Ela se infiltra nos pensamentos, gerando preocupações intermináveis e um medo paralisante do futuro. Não é apenas um sentimento passageiro, mas uma batalha interna que desgasta e enfraquece. O salmista descreve um momento em que a ansiedade dominava seu íntimo, uma sensação que muitos de nós conhecemos bem. Quando a inquietação parece maior do que a nossa capacidade de suportar, quando as incertezas nos cercam e a mente se torna um campo de batalha de temores e suposições, é fácil acreditar que estamos sozinhos e sem saída. No entanto, o salmista nos revela uma verdade poderosa: em meio à aflição, o consolo de Deus trouxe alívio à sua alma.

Esse consolo não é um alívio superficial nem uma promessa de que nunca enfrentaremos dificuldades. Pelo contrário, é uma paz profunda que alcança o coração aflito e oferece descanso verdadeiro, mesmo quando as circunstâncias permanecem desafiadoras. O consolo de Deus não vem pela ausência de lutas, mas pela certeza de sua presença no meio delas. Ele nos envolve como um refúgio seguro, nos sustenta em meio às tempestades e nos lembra de que não estamos sozinhos. Essa certeza transforma a forma como enfrentamos as dificuldades, pois passamos a enxergar que a ansiedade não precisa ser a voz mais alta dentro de nós.

Muitas vezes, tentamos encontrar alívio por meio do controle. Buscamos soluções rápidas, tentamos antecipar o futuro ou evitamos tudo aquilo que nos causa desconforto. No entanto, essa tentativa de autossuficiência apenas aprofunda a ansiedade, pois revela a nossa limitação diante da vida. Quanto mais tentamos segurar tudo em nossas mãos, mais nos tornamos reféns do medo do que não podemos prever. Deus nos convida a trocar o fardo da inquietação pela confiança em sua soberania. Ele vê o que nós não vemos, conhece o que não conseguimos compreender e nos guia mesmo quando tudo parece incerto. Seu consolo não é uma ilusão passageira, mas uma realidade que sustenta nossa alma, nos fortalecendo a cada passo, mesmo quando não vemos um caminho claro à frente.

O consolo de Deus é o abraço invisível que acalma, a voz suave que sussurra ao coração: "Eu estou com você." Ele não nos promete ausência de dificuldades, mas garante sua presença fiel em cada momento. E essa presença muda tudo. Ele transforma a ansiedade em paz, o desespero em esperança, o medo em coragem. Em vez de tentar controlar o que não podemos, somos chamados a descansar naquele que nunca perde o controle. Sua paz não apenas acalma o turbilhão da mente, mas nos transforma, ensinando-nos a viver pela fé e não pelo medo.

A ansiedade nos faz olhar para o amanhã com temor, mas Deus nos ensina a viver um dia de cada vez, confiando que sua graça será suficiente para cada momento. Mesmo quando as circunstâncias não mudam, nossa perspectiva muda. Aprendemos que a nossa segurança não está na ausência de problemas, mas na certeza de que Ele caminha ao nosso lado. A confiança em Deus nos permite enfrentar os desafios com esperança, pois sabemos que sua graça é suficiente para nos sustentar hoje, amanhã e em cada dia que virá.

REFLEXÃO

A ansiedade é como um alarme que dispara diante dos desafios. Ela nos alerta, mas também pode nos paralisar se tomarmos decisões movidos pelo medo. Nessas horas, é difícil lembrar que não estamos sozinhos e que podemos buscar ajuda.

Em *Divertida Mente 2*, Riley enfrenta momentos em que a insegurança toma conta, mas sua história nos mostra que buscar apoio faz toda a diferença. Assim como, Deus nos convida a lançar nossas ansiedades sobre Ele, confiando que é maior que qualquer dificuldade.

A cruz é a prova do cuidado de Deus. Se Ele entregou Seu Filho por nós, podemos confiar que cuidará das nossas lutas diárias. Entregue suas preocupações a Ele e encontre descanso.

DESAFIO

Hoje, identifique o que tem gerado ansiedade em sua vida. Reserve um momento de silêncio, longe das distrações, e derrame seu coração diante de Deus. Não tente esconder sua vulnerabilidade; seja honesto em sua oração. Depois, escreva em um papel tudo o que tem te preocupado e, ao final, declare em voz alta: "Senhor, confio em ti para trazer consolo à minha alma." Releia o Salmo 94:19, permitindo que essa verdade penetre profundamente em seu coração.

ORAÇÃO

Senhor, tu conheces cada detalhe da minha vida e vês as ansiedades que têm pesado em meu coração. Quando o medo e a preocupação tentam me dominar, lembra-me do teu consolo que traz alívio verdadeiro. Ajuda-me a confiar em tua presença, mesmo quando não entendo o que está acontecendo ao meu redor. Que a tua paz, que excede todo entendimento, guarde minha mente e o meu coração. Ensina-me a descansar em ti e a encontrar no teu amor o refúgio seguro para a minha alma.

Em nome de Jesus, amém.

DEVOCIONAL 15

NOJINHO

DISCERNINDO E EVITANDO O QUE CONTAMINA NOSSA VIDA ESPIRITUAL.

"Afastem-se de toda forma de mal."

(1 Tessalonicenses 5:22)

Nosso mundo está cheio de influências que podem, pouco a pouco, contaminar nosso coração e nos afastar de Deus. Pensamentos, atitudes, palavras ou até mesmo decisões que parecem inofensivas podem acabar nos desviando do propósito para o qual fomos criados. Por isso, a Bíblia nos alerta, em 1 Tessalonicenses 5:22, a "nos afastar de toda forma de mal". Esse conselho não é apenas um lembrete para evitar o pecado, mas um chamado para proteger nossa mente, coração e fé.

Afastar-se do mal exige discernimento. Não se trata apenas de ter força de vontade, mas de estar atento às escolhas que fazemos todos os dias. Será que estamos sendo vigilantes com o que permitimos entrar em nossa mente e coração? O que assistimos, ouvimos ou até as conversas que temos podem impactar nossa vida espiritual. Muitas vezes, algo que parece pequeno ou inofensivo no início pode nos levar por caminhos que, aos poucos, nos distanciam de Deus.

Essa vigilância vai além de dizer "não" ao pecado. É também sobre escolher aquilo que reflete o caráter de Deus. Um coração disposto a viver em santidade busca aquilo que é puro, verdadeiro e edificante. É um esforço diário para alinhar nossos pensamentos e ações com a vontade de Deus, sabendo que cada decisão que tomamos nos aproxima ou nos afasta Dele.

Jesus nos deu o exemplo perfeito de como viver dessa forma. No deserto, Ele foi tentado pelo diabo em momentos de fraqueza. As ofertas eram sedutoras — poder, alimento e até a chance de evitar o sofrimento. Mas Jesus não apenas rejeitou a tentação; Ele escolheu obedecer à vontade do Pai. Cada resposta que deu foi baseada na Palavra de Deus, mostrando que é por meio dela que encontramos força para discernir e resistir ao mal.

Essa obediência de Jesus nos ensina algo poderoso: não precisamos enfrentar essas batalhas sozinhos. Dependemos de Deus para discernir o que é certo e para nos dar forças para resistir ao que pode nos prejudicar. Ele nos oferece Seu Espírito Santo, que nos guia e nos ajuda a tomar decisões que honrem Sua vontade.

Se afastar do mal não é apenas evitar o erro; é uma escolha ativa de caminhar na direção de Deus. Significa refletir Seu amor em nossas palavras, pensamentos e atitudes. É buscar o que constrói, o que fortalece e o que nos aproxima Dele.

Hoje, reflita sobre as escolhas que você tem feito. Será que há algo que está afastando você de Deus? Peça ao Senhor para revelar áreas em sua vida que precisam ser transformadas e peça forças para mudar o que for necessário. Assim como Jesus enfrentou a tentação e venceu, nós também podemos vencer ao confiar em Deus.

A santidade é um chamado diário e a cada passo que damos em direção ao que é bom e puro, experimentamos mais da paz e da presença de Deus. Que possamos sempre escolher aquilo que nos aproxima do Pai, vivendo com o coração cheio de gratidão e propósito.

REFLEXÃO

Todos os dias enfrentamos escolhas que podem moldar nossas vidas. Nesses momentos, é essencial discernir o que realmente nos faz bem e o que pode nos afastar de Deus.

Em *Divertida Mente* 2, a personagem Nojinho protege Riley de escolhas ruins, como alimentos ou situações que poderiam prejudicá-la. De forma parecida, somos chamados a filtrar o que permitimos entrar em nossa mente e coração. A Palavra de Deus nos guia para escolher o que edifica e rejeitar o que contamina.

A cruz nos lembra do preço pago por nossa liberdade. Se Jesus entregou Sua vida por nós, por que deixar que hábitos ou influências nos afastem de Sua presença? Escolha viver para Ele.

DESAFIO

Hoje, reflita sobre os pensamentos, hábitos ou influências que têm feito parte da sua vida. Há algo que precisa ser ajustado ou deixado para trás? Peça a Deus discernimento para identificar e se afastar de tudo o que pode manchar sua caminhada com Ele. E lembre-se: cada escolha que fazemos pode nos aproximar ou nos afastar de Deus.

ORAÇÃO

Pai, ajuda-me a discernir o que é bom e a rejeitar tudo o que possa me afastar de Ti. Quero viver uma vida que reflita Tua santidade e amor. Fortalece-me para resistir às tentações e me afastar de tudo que contamina o meu coração. Obrigado, porque Tua graça me capacita a viver para Ti todos os dias.

Em nome de Jesus, amém.

DEVOCIONAL 16

TÉDIO

ESPERANÇA EM MEIO AO VAZIO.

"Por que você está assim tão triste, ó minha alma? Por que está tão perturbada dentro de mim? Ponha a sua esperança em Deus! Pois ainda o louvarei; ele é o meu Salvador e o meu Deus."

(Salmo 42:5)

O tédio muitas vezes é mais do que a simples falta de algo para fazer; ele pode ser o reflexo de uma alma inquieta, vazia e desconectada de um propósito maior. Não se trata apenas da ausência de estímulos ou de uma rotina monótona, mas de um vazio interior que persiste, mesmo quando há inúmeras opções ao nosso redor. Podemos estar cercados de atividades, entretenimento e compromissos e, ainda assim, sentir que falta algo essencial. Esse sentimento de insatisfação pode nos levar a buscar distrações momentâneas que amenizam o desconforto por um tempo, mas não resolvem o verdadeiro problema.

O salmista, em um momento de profunda tristeza e desânimo, faz uma pergunta direta ao próprio coração: "Por que você está assim tão triste, ó minha alma?" Essa autorreflexão revela que o vazio e a insatisfação não são sentimentos incomuns, mesmo para aqueles que conhecem a Deus. O tédio pode ser mais do que uma sensação passageira; muitas vezes, ele aponta para uma desconexão espiritual, para um coração que anseia por algo mais profundo, mas não sabe exatamente onde encontrar.

O salmista não ignora sua angústia, nem finge que está tudo bem. Ele reconhece a tristeza, encara suas emoções de frente e, ao invés de se perder nelas, busca uma resposta mais profunda. A solução para sua inquietação não está em distrações passageiras, mas em um redirecionamento do foco: "Ponha a sua esperança em Deus." Esse é um princípio fundamental. O tédio perde sua força quando entendemos que nosso coração foi criado para mais do que rotinas vazias. Fomos feitos para nos conectar com o Criador, e é nessa conexão que encontramos significado para cada dia, mesmo nos momentos mais simples e monótonos.

Nos dias atuais, a busca por entretenimento constante muitas vezes mascara um problema maior: um coração que anseia por algo eterno, mas tenta se satisfazer com o passageiro. As redes sociais, os vídeos curtos, os jogos e as séries podem oferecer uma fuga momentânea, mas não preenchem a verdadeira necessidade da alma. Muitas vezes, tentamos preencher o silêncio com ruídos, evitar a solitude com distrações e sufocar a inquietação com superficialidades. No entanto, essas soluções são como cisternas rachadas que não retêm a água (Jeremias 2:13). Só Deus pode satisfazer completamente um coração sedento.

O salmista nos ensina que a verdadeira renovação não vem de atividades externas, mas de um coração que escolhe se voltar para Deus. O segredo para vencer o vazio não está em multiplicar estímulos, mas em aprofundar nossa comunhão com aquele que nos criou. Quando passamos tempo na presença de Deus, quando meditamos em sua Palavra e buscamos conhecê-lo mais, algo dentro de nós começa a se transformar. Em vez de uma vida mecânica e sem propósito, passamos a viver com um senso de missão, sabendo que cada dia pode ser uma oportunidade de crescer e frutificar espiritualmente.

A adoração transforma o vazio em propósito, e o desânimo em esperança. Quando escolhemos louvar a Deus, mesmo em meio à apatia, algo dentro de nós começa a mudar. A presença dele preenche os espaços vazios da alma, trazendo sentido ao que parecia sem importância. A vida não precisa ser extraordinária para ter valor; cada momento pode ser vivido com propósito quando nosso coração está ancorado naquilo que é eterno. O segredo para vencer o tédio não está em fazer mais, mas em buscar mais de Deus. Em vez de buscar constantemente estímulos externos para fugir do tédio, podemos escolher encontrar satisfação na presença daquele que nos criou, permitindo que ele renove nosso espírito e nos dê uma nova perspectiva sobre a vida.

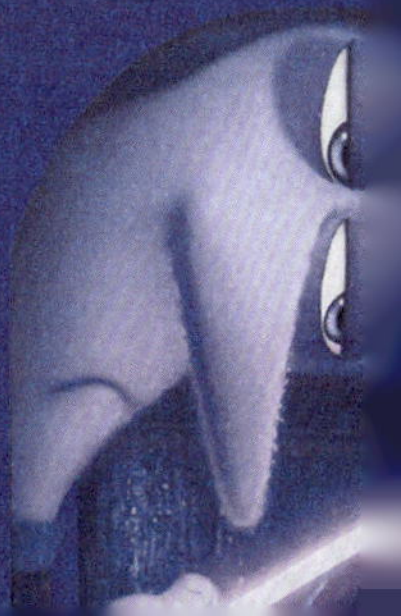

REFLEXÃO

Muitas vezes, a rotina nos faz sentir que a vida perdeu o brilho. Dias sem grandes acontecimentos parecem insignificantes, mas será que enxergamos Deus presente até nesses momentos simples?

Em *Divertida Mente 2*, as emoções de Riley mostram que mesmo a monotonia tem valor quando vista com o olhar certo. Deus nos criou com propósito, e isso inclui as rotinas diárias. Ele usa até os períodos mais comuns para nos moldar e nos aproximar Dele.

A cruz nos lembra que até os momentos difíceis têm um propósito eterno. Assim, cada dia, por mais simples que pareça, pode ser uma nova chance de viver e refletir o amor de Deus.

DESAFIO

Hoje, faça uma pausa e reflita: o que tem causado essa sensação de vazio ou dcsânimo em sua alma? Em vez de buscar distrações temporárias, experimente dedicar um tempo para adorar a Deus de forma intencional. Ouça uma canção de louvor, leia um salmo em voz alta ou simplesmente fale com Deus sobre o que está sentindo. Escreva em um papel uma lista de motivos pelos quais você ainda pode louvá-lo, mesmo em meio ao tédio. Deixe que essa prática simples reacenda em você a chama da esperança.

ORAÇÃO

Senhor, muitas vezes meu coração se sente vazio, inquieto e sem propósito. Quando o tédio e o desânimo tentam dominar minha alma, ajuda-me a lembrar que minha verdadeira satisfação está em ti. Renova em mim a esperança, mesmo quando as circunstâncias parecem sem graça ou repetitivas. Que eu possa encontrar alegria na tua presença e louvar o teu nome, não por causa do que vejo, mas por quem tu és. Transforma o meu vazio em propósito e minha tristeza em adoração. Amém.

DEVOCIONAL 17

VERGONHA

ENCONTRANDO LIBERDADE EM CRISTO PARA SUPERAR A VERGONHA E VIVER UMA NOVA IDENTIDADE.

"Pois todo aquele que nele confia jamais será envergonhado."
(Romanos 10:11)

A vergonha pode ser como uma sombra pesada que nos impede de viver plenamente. Ela nos faz olhar para os nossos erros e falhas, nos convencendo de que eles nos definem. Mas Deus, em sua Palavra, nos traz uma verdade que nos liberta. Em Romanos 10:11, lemos: "Todo aquele que nele confia jamais será envergonhado." Quando colocamos nossa confiança em Jesus, a vergonha perde seu poder sobre nós.

Cristo nos oferece algo que ninguém mais pode dar: uma nova identidade. Ele nos lembra que não somos definidos pelos nossos erros, mas pelo amor de Deus por nós. Quando Jesus foi à cruz, Ele carregou não apenas nossos pecados, mas também toda a vergonha que esses erros trazem. Ele tomou esse peso sobre si para que não precisássemos mais viver com ele.

Mesmo assim, é comum continuarmos carregando culpas que Deus já apagou. Talvez você já tenha pensado: "Mas o que eu fiz foi grave demais. Será que Deus realmente me perdoa?" A resposta é clara: sim. Em Cristo, somos novas criaturas (2 Coríntios 5:17). O passado já não tem poder para nos definir, porque o amor de Deus é maior do que qualquer erro que possamos ter cometido.

Viver sem vergonha não significa fingir que nunca erramos. Significa reconhecer nossos erros, mas também aceitar o perdão que Deus nos dá. Ele nos convida a deixar o peso do passado e abraçar uma nova vida, cheia de liberdade. Pense assim: se Deus, que conhece tudo sobre você, escolheu te perdoar e te amar, por que continuar carregando algo que Ele já tirou?

Jesus é o maior exemplo de como Deus lida com a vergonha. Quando ele encontrou pessoas rejeitadas ou marcadas por seus erros, como a mulher samaritana no poço ou a mulher pega em adultério, Ele não as condenou. Pelo contrário, as olhou com amor e lhes deu uma nova chance. Ele faz o mesmo por nós.

Se hoje você sente vergonha por algo que fez ou por algo que aconteceu em sua vida, lembre-se: Deus não quer que você viva preso a esse peso. Ele te ama, te aceita e quer te dar uma vida nova. Não importa o que aconteceu, o amor Dele é maior.

Converse com Deus sobre o que tem pesado em seu coração. Peça a Ele para te ajudar a deixar essa vergonha para trás. Confie que, em Cristo, você é perdoado e livre. Viva com a certeza de que o que te define não é o que você fez, mas quem Deus diz que você é: seu filho amado.

A vergonha tenta te prender, mas Deus te chama para a liberdade. Ele te convida a sair da sombra e viver na luz do seu amor. Aceite esse convite e descubra como é bom viver sem o peso do passado, com o coração cheio de esperança e alegria.

REFLEXÃO

Todos nós já nos sentimos envergonhados por não corresponder às expectativas, seja das pessoas ou de nós mesmos. Esses momentos podem nos paralisar, mas será que é assim que Deus nos vê?

Em *Divertida Mente 2*, Riley enfrenta vergonha por acreditar que decepcionou os outros. No entanto, a cruz nos ensina que Jesus já levou nossas culpas e nos oferece um novo começo. Deus não nos define por nossas falhas, mas pelo amor que tem por nós.

A vergonha nos prende, mas o amor de Deus nos liberta. Você está pronto para entregar suas memórias a Ele e viver sem medo, abraçando a nova identidade que Cristo oferece?

Desafio

Reflita sobre algo que tem causado vergonha em sua vida. Será que você ainda está se definindo por um erro ou uma situação que já passou? Entregue isso a Cristo hoje e confie na liberdade que Ele oferece. Lembre-se: Deus te chama pelo nome, não pelo seu passado.

Oração

Senhor, obrigado porque, em Cristo, eu encontro liberdade e uma nova identidade. Ajuda-me a superar a vergonha que ainda pesa sobre mim e a viver com confiança no Teu amor. Ensina-me a enxergar a mim mesmo como Tu me enxergas, com graça e esperança. Obrigado por me transformar e por me dar um futuro cheio de propósito.

Em nome de Jesus, amém.

DEVOCIONAL 18

NOSTALGIA

COMO A NOSTALGIA PELOS TEMPOS PASSADOS PODE NOS INSPIRAR A CONFIAR NO FUTURO QUE DEUS TEM PARA NÓS.

"Eu me recordo dos tempos antigos; medito em todos os teus feitos e considero as obras das tuas mãos."

(Salmos 143:5)

A nostalgia é um sentimento que todos nós conhecemos. Às vezes, ela aparece como um abraço quente, trazendo memórias de momentos felizes que aquecem o coração. Em outras, vem com uma pontada de saudade, nos fazendo desejar reviver tempos que já passaram. Esse sentimento nos conecta com o passado, mas também pode nos fazer refletir sobre o que Deus tem feito em nossas vidas.

No Salmos 143:5, Davi diz: "Eu me recordo dos tempos antigos; medito em todos os teus feitos e considero as obras das tuas mãos." Ele nos mostra como olhar para o passado pode ser uma fonte de esperança. Quando relembramos os feitos de Deus, somos encorajados a confiar Nele no presente e a caminhar com esperança em direção ao futuro.

Sentir saudades de bons momentos é natural, mas há um risco em nos prendermos ao passado. Às vezes, ficamos tão focados no que já vivemos que deixamos de enxergar o que Deus está fazendo agora. Será que temos usado nossas memórias para fortalecer nossa fé ou como âncoras que nos impedem de seguir em frente?

O perigo de ficar preso à nostalgia é esquecer que o Deus que foi fiel no passado continua agindo no presente. Ele está preparando coisas novas, oportunidades que podem ser ainda maiores do que aquelas que vivemos. Como diz Isaías 43:18-19: "Esqueçam o que se foi; não vivam no passado. Vejam, estou fazendo uma coisa nova!"

Quando olhamos para trás com gratidão, nossas memórias se transformam em combustível para a fé. As experiências do passado nos lembram de que Deus é constante, fiel e imutável. O mesmo Deus que nos sustentou em tempos difíceis e nos abençoou com momentos felizes ainda está conosco hoje e promete um futuro cheio de esperança.

Jesus também nos mostrou como viver com equilíbrio entre passado, presente e futuro. Ele celebrava momentos simples, como uma refeição com amigos, mas sempre apontava para o que estava por vir: a redenção, a vitória e o Reino de Deus. Ele nos ensinou a valorizar o presente enquanto confiamos no plano eterno do Pai.

Se você sente que a nostalgia tem pesado no seu coração, lembre-se de que as boas memórias são presentes de Deus. Elas nos mostram como Ele tem cuidado de nós. Mas Deus também quer que você viva o presente com alegria e confiança. O que Ele tem preparado para você não está no passado — está aqui, agora, e no que ainda está por vir.

Tire um momento para agradecer a Deus pelas memórias que aquecem seu coração. Depois, peça a Ele para te ajudar a enxergar o que Ele está fazendo hoje e confiar no futuro que está preparando. O mesmo Deus que foi fiel ontem é fiel hoje e será para sempre.

Deixe que a nostalgia sirva como um lembrete do amor e da graça de Deus, mas nunca como uma prisão. Ele te chama a avançar, com gratidão pelo que passou, entusiasmo pelo presente e esperança no que virá.

REFLEXÃO

As lembranças têm o poder de nos confortar e ensinar. Elas nos ajudam a enfrentar os desafios do presente e a confiar no futuro. Mas será que deixamos essas memórias nos inspirar ou ficamos presos ao que já passou?

Em *Divertida Mente 2*, Riley relembra com carinho sua vida na cidade antiga, mas percebe que o passado não pode ser sua única fonte de alegria. Assim, Deus nos chama a agradecer por tudo o que já fez, usando essas lembranças como base para confiar no que ainda fará.

A cruz é a prova de como o passado transforma o futuro. O sacrifício de Cristo nos dá força para o presente e esperança para o que está por vir. Você já parou para agradecer hoje?

DESAFIO

Hoje, tire um momento para relembrar algo que Deus fez em sua vida no passado. Como essas memórias podem fortalecer sua fé agora? Pense em como Ele foi fiel antes e reflita sobre como você pode confiar no plano que Ele tem para o seu futuro.

ORAÇÃO

Pai, obrigado pelas memórias do Teu cuidado e das Tuas obras maravilhosas em minha vida. Ensina-me a olhar para o passado com gratidão e para o futuro com confiança. Ajuda-me a não ficar preso ao que já passou, mas a usar essas lembranças como fonte de força e fé para seguir em frente. Obrigado, porque Tu és fiel em todas as épocas.

Em nome de Jesus, amém.

DEVOCIONAL 19

MEDO

SUPERANDO O MEDO AO CONFIAR NA PROTEÇÃO E PRESENÇA CONSTANTE DE DEUS.

"Em Deus, cuja palavra eu louvo, em Deus eu confio e não temerei. Que poderá fazer-me o mortal?"

(Salmos 56:4)

O medo é uma emoção que, em algum momento, todos enfrentamos. Ele pode nos paralisar, nos fazer duvidar de nossas capacidades e nos impedir de avançar. Mas, no Salmos 56, Davi nos ensina uma lição preciosa: mesmo em meio ao medo, podemos confiar em Deus. Ele enfrentava inimigos reais, perigos que poderiam tirar sua vida, mas escolheu colocar sua confiança no Senhor. Ele disse: "Em Deus, cuja palavra eu louvo, em Deus eu confio e não temerei. Que poderá fazer-me o mortal?" (Salmos 56:4).

Confiar em Deus não significa que nunca sentiremos medo, mas nos lembra de quem está no controle. O medo nos faz olhar para os problemas, para o que pode dar errado, enquanto a fé nos faz lembrar quem Deus é: nosso protetor, nosso refúgio, aquele que está sempre ao nosso lado, mesmo nas situações mais difíceis.

Você já parou para pensar em quantas vezes Deus foi fiel na sua vida? Mesmo nos momentos mais desafiadores, Ele nunca te abandonou. Talvez você já tenha enfrentado algo que parecia impossível de superar, mas aqui está você hoje, porque Deus te sustentou. Essas lembranças nos ajudam a confiar que, assim como Ele foi fiel no passado, continuará sendo no presente e no futuro.

A proteção de Deus não significa que nunca enfrentaremos desafios ou situações que nos causem medo. Mas significa que Ele estará conosco em cada uma dessas batalhas. Assim como um pai que segura a mão de seu filho em meio a uma tempestade, Deus nos segura quando o medo tenta nos derrubar.

Quando confiamos em Deus, não precisamos carregar o peso do medo sozinhos. Ele nos fortalece e nos dá coragem para seguir em frente. Como Isaías 41:10 nos lembra: "Não temas, porque eu sou contigo; não te assombres, porque eu sou o teu Deus; eu te fortaleço, e te ajudo, e te sustento com a minha destra fiel." Essas palavras são um lembrete poderoso de que o medo pode até surgir, mas não precisa nos dominar.

Jesus também enfrentou momentos difíceis. No Jardim do Getsêmani, Ele sentiu a angústia e o peso do que estava por vir. Mas, em vez de ser paralisado pelo medo, Ele confiou no plano do Pai. Sua oração foi um exemplo de entrega: "Pai, não seja feita a minha vontade, mas a tua" (Lucas 22:42).

Se hoje você está enfrentando um medo que parece grande demais, lembre-se de que você não está sozinho. Deus está com você, pronto para te fortalecer e te guiar. Entregue a Ele suas preocupações, peça coragem e confie que Ele está no controle.

O medo pode ser grande, mas o amor e o poder de Deus são muito maiores. Quando escolhemos confiar Nele, descobrimos que podemos caminhar, mesmo em meio às dificuldades, porque temos a certeza de que Ele está ao nosso lado, cuidando de cada detalhe. Não deixe o medo te parar; confie no Deus que te ama e sempre está contigo.

REFLEXÃO

Todos sentimos medo diante do desconhecido ou do perigo, e isso é natural. Mas será que deixamos esse sentimento crescer tanto que nos impede de confiar em Deus?

Em *Divertida Mente 2*, o personagem Medo alerta Riley sobre perigos, mas às vezes exagera e a paralisa. Davi também enfrentou desafios reais, mas escolheu confiar na proteção de Deus, sabendo que não estava sozinho. Será que temos feito o mesmo?

A cruz nos lembra de que o amor de Deus é maior que qualquer ameaça. O medo é real, mas a presença de Deus é constante. Quando confiamos Nele, encontramos coragem para seguir em frente com confiança.

DESAFIO

Hoje, reflita sobre algo que tem causado medo em seu coração. Você tem confiado em suas próprias forças ou descansado na proteção de Deus? Reserve um momento para orar, entregue seus temores ao Senhor e declare sua fé nele. Lembre-se: a presença de Deus é suficiente para trazer paz, mesmo em meio às maiores dificuldades.

ORAÇÃO

Senhor, muitas vezes o medo tenta tomar conta do meu coração, mas hoje eu quero confiar em Ti. Ajuda-me a lembrar que Tu és minha proteção e que nada é maior do que Teu amor por mim. Fortalece minha fé para enfrentar os desafios com coragem, sabendo que Tua presença é constante. Obrigado por estar comigo em todos os momentos.

Em nome de Jesus, amém.

DEVOCIONAL 20

CIÚMES

Aprendendo a confiar e descansar em Deus.

"O coração em paz dá vida ao corpo, mas a inveja apodrece os ossos."

(Provérbios 14:30)

O ciúme é uma emoção que muitos de nós já sentimos. Ele surge em momentos de insegurança ou desconfiança, especialmente quando nos sentimos ameaçados em nossos relacionamentos. Esse sentimento pode parecer pequeno no início, mas tem o poder de crescer e trazer conflitos que afetam não apenas o nosso coração, mas também as pessoas ao nosso redor.

Em Provérbios 14:30, a Bíblia nos ensina: "O coração em paz dá vida ao corpo, mas a inveja apodrece os ossos." Esse versículo nos lembra que o ciúme não apenas nos rouba a paz, mas também corrói nossa alma. Ele nos faz comparar, desconfiar e nos apegar a coisas ou pessoas de forma que não é saudável.

Mas de onde vem o ciúme? Muitas vezes, ele tem raízes na falta de confiança — em nós mesmos, nos outros e, principalmente, em Deus. Quando nos esquecemos de quem somos em Deus, acabamos buscando validação em lugares errados, o que pode gerar medo de perder o que valorizamos.

O primeiro passo para superar o ciúme é confiar em Deus. Ele nos chama a descansar em Seu amor e nos lembra que somos valiosos aos Seus olhos. Não precisamos competir pelo amor ou pela atenção de ninguém, porque Deus nos ama de forma plena e incondicional. Quando entregamos nossos relacionamentos a Ele, confiamos que é Ele quem sustenta e protege aquilo que é importante para nós.

Jesus nos deu um exemplo perfeito de como é amar sem controle ou possessividade. Durante sua vida, Ele demonstrou um amor generoso e seguro, sempre confiando no plano do Pai. Ele sabia que sua missão era importante, mas também sabia que não precisava forçar nada, pois confiava que Deus estava no comando. Esse amor confiante e altruísta nos ensina a abandonar a necessidade de controle e a viver com um coração cheio de paz.

Se você está lidando com o ciúme, pergunte a si mesmo: "Estou confiando em Deus para cuidar desse relacionamento ou estou tentando controlar tudo sozinho?" Fale com Deus sobre seus medos e inseguranças. Ele está sempre pronto para ouvir e ajudar a trazer calma ao seu coração.

Lembre-se de que Deus nos chama para viver em paz, não em tormento. O ciúme não precisa dominar sua vida. Quando escolhemos confiar Nele, encontramos a segurança de que precisamos para amar de forma saudável e verdadeira.

Deixe Deus transformar o ciúme em paz. Ele pode renovar seu coração e te ensinar a viver com confiança, sabendo que o amor Dele é suficiente para preencher qualquer vazio. Siga o exemplo de Cristo, que amou com liberdade e confiança, e experimente a paz que vem de confiar plenamente no Deus que sustenta todas as coisas.

REFLEXÃO

Em nossos relacionamentos, o ciúme pode facilmente causar desunião e mágoa. Mas será que vale a pena carregar esse peso, quando Deus nos convida a confiar mais Nele e nos outros?

Em *Divertida Mente* 2, as emoções de Riley aprendem a trabalhar juntas, mostrando como a harmonia é essencial. Assim como, Deus nos chama a viver com paz, lembrando que Ele está no controle de tudo. O ciúme nasce do medo de perder algo, mas a cruz nos prova que já temos o maior presente: o amor de Deus.

Trocar o ciúme pela confiança nos liberta. Podemos descansar, sabendo que Deus sustenta cada detalhe de nossa vida.

DESAFIO

Reflita sobre algo que tem gerado ciúmes ou insegurança em seu coração. Será que você está tentando controlar algo que deveria ser confiado a Deus? Ore pedindo ao Senhor que te ajude a viver com um coração em paz, livre de comparações e desconfianças, descansando no cuidado dele.

ORAÇÃO

Pai, reconheço que muitas vezes permito que o ciúme tire minha paz e afete meus relacionamentos. Ajuda-me a confiar mais em Ti e a descansar no Teu cuidado. Ensina-me a viver com um coração cheio de paz, sabendo que Tu estás no controle de tudo. Obrigado, porque em Ti encontro segurança e amor suficientes para cada dia.

Em nome de Jesus, amém.

DEVOCIONAL 21

AFETO

REFLETINDO O AMOR DE DEUS EM NOSSOS RELACIONAMENTOS.

"Assim como eu vos amei, que também vos ameis uns aos outros."

(João 13:34)

O afeto é mais do que palavras ou intenções. É uma expressão concreta do amor que Deus derrama em nossas vidas e nos chama a compartilhar com os outros. Em João 13:34, Jesus nos deixou um mandamento claro e desafiador: "Amem uns aos outros assim como eu os amei." Esse convite vai além de sentimentos; ele nos chama a agir com cuidado, empatia e compaixão, mesmo nas situações mais difíceis.

O amor de Jesus é o exemplo perfeito de como demonstrar afeto. Ele não apenas falou sobre amor, mas viveu esse amor de forma ativa e incondicional. Ele lavou os pés de seus discípulos, mesmo sabendo que um deles o trairia. Curou os doentes, acolheu aqueles que a sociedade rejeitava e, por fim, entregou Sua vida na cruz por todos nós. Esse amor sacrificial nos ensina que o verdadeiro afeto é prático, e muitas vezes exige de nós mais do que estamos acostumados a dar.

Mas será que estamos amando dessa forma? Demonstrar afeto não significa necessariamente fazer grandes gestos ou sacrifícios monumentais. Muitas vezes, o amor é revelado nas pequenas coisas do dia a dia: um sorriso, uma palavra de encorajamento, um abraço que consola ou simplesmente estar presente para alguém que precisa. Esses atos simples, mas cheios de significado, têm o poder de transformar vidas e fortalecer relacionamentos.

Jesus nos mostrou que o afeto também se manifesta no cuidado com os detalhes. Ele ouvia as pessoas, compreendia suas dores e estava disposto a caminhar ao lado delas. Ele nos convida a fazer o mesmo: estar atentos às necessidades dos outros, mesmo que sejam silenciosas, e agir com um coração cheio de bondade.

Quando escolhemos agir com amor, refletimos o caráter de Deus. Nosso afeto se torna um reflexo do amor que Ele nos oferece diariamente. É como uma luz que brilha nos nossos relacionamentos, trazendo esperança, cura e conexão.

Se hoje você sente que tem dificuldade em demonstrar afeto, peça a Deus que te ajude. Ore para que Ele encha seu coração com o amor Dele, para que você possa compartilhar esse amor com as pessoas ao seu redor. Lembre-se de que o amor não precisa ser perfeito, mas sincero. Cada gesto, por menor que pareça, tem um impacto quando feito com um coração cheio de compaixão.

O afeto não apenas transforma quem o recebe, mas também quem o dá. Ele nos aproxima de Deus, nos ensina a valorizar os outros e nos ajuda a viver de acordo com o propósito para o qual fomos criados: amar. Que possamos, a cada dia, seguir o exemplo de Jesus e demonstrar o amor em tudo o que fazemos. Afinal, o maior testemunho que podemos dar é um amor que se reflete em ações.

REFLEXÃO

Nossos relacionamentos, são moldados pelo amor que escolhemos oferecer, e amar nem sempre é fácil. Mas será que temos refletido o amor de Deus em nossas interações diárias?

Em *Divertida Mente 2*, as emoções de Riley mostram como o afeto fortalece suas conexões. Da mesma forma, Jesus nos chama a amar ativamente, mesmo quando as circunstâncias são desafiadoras. Esse amor não depende do que os outros fazem, mas da graça que recebemos de Deus.

A cruz é o maior exemplo de amor: Jesus se entregou por nós em nossa imperfeição. Inspirados por Ele, podemos amar de forma intencional, vendo cada pessoa como preciosa aos olhos de Deus.

Desafio

Hoje, reflita sobre como você pode demonstrar afeto em seus relacionamentos. Será que há alguém que precisa de um gesto de cuidado ou de palavras de encorajamento? Pense em formas práticas de refletir o amor de Deus na vida das pessoas ao seu redor.

Oração

Senhor, obrigado pelo amor incondicional que me mostraste por meio de Jesus. Ajuda-me a refletir esse amor em meus relacionamentos, demonstrando afeto e cuidado nas pequenas e grandes ações. Ensina-me a enxergar as pessoas como Tu as enxergas e a agir com compaixão e graça. Obrigado porque Teu amor me transformar e me capacitar a amar.

Em nome de Jesus, amém.

DEVOCIONAL 22

CULPA

Libertos pela graça que nos redime.

"Portanto, agora já não há condenação para os que estão em Cristo Jesus."

(Romanos 8:1)

A culpa é um peso que pode nos paralisar. Ela nos faz olhar para os nossos erros e pensar: "Será que Deus ainda pode me amar depois de tudo isso?" É fácil acreditar que nossas falhas nos definem e que estamos irremediavelmente distantes de Deus. Mas a Palavra nos traz uma verdade libertadora: "Agora, já não há condenação para os que estão em Cristo Jesus" (Romanos 8:1).

Esse versículo nos lembra que, em Cristo, a culpa não tem mais poder sobre nós. Quando Jesus morreu na cruz, Ele carregou todos os nossos pecados e a culpa que era nossa. Seu sacrifício nos deu um presente precioso: perdão total. Ele não apenas nos perdoou, mas também nos deu uma nova identidade. Agora somos filhos amados de Deus, e nada pode nos separar do Seu amor.

Mas, muitas vezes, permitimos que a culpa ainda nos defina. Pensamos nos erros do passado e nos sentimos indignos da graça de Deus. Será que isso tem acontecido com você? Talvez você carregue um fardo que Deus já te pediu para deixar aos pés da cruz. O convite Dele é claro: confie que a graça de Jesus é suficiente para te redimir, não importa o que tenha acontecido.

Deus não nos chama para fingir que nunca erramos. Pelo contrário, Ele nos convida a reconhecer nossas falhas, mas também a entregá-las a Ele. É como um Pai amoroso que nos acolhe e diz: "Eu sei que você errou, mas isso não muda o meu amor por você." Quando entregamos a culpa a Deus, Ele transforma nossas vidas. Somos libertos das correntes do passado e capacitados a caminhar em uma nova direção.

Jesus nos mostrou como é viver livre da culpa. Ele encontrou pessoas marcadas por seus erros — como a mulher pega em adultério ou Pedro após negá-lo três vezes — e, em vez de condená-las, ofereceu perdão e restauração. Ele faz o mesmo por nós hoje. Sua graça não apenas nos limpa, mas também nos dá força para recomeçar.

Se hoje você sente que a culpa tem te aprisionado, lembre-se de que Deus te ama exatamente como você é. Ele não está olhando para o seu passado com rancor, mas com a intenção de te transformar e te conduzir a uma vida nova. Confie no poder do perdão de Cristo e permita que Ele tire o peso que você tem carregado.

Deixe que a culpa seja substituída pela certeza de que você é amado e aceito por Deus. Caminhe com confiança, sabendo que, em Cristo, você é livre para viver uma vida plena, sem as correntes do passado. Não importa o que aconteceu, o amor de Deus é maior do que qualquer erro. Aceite essa liberdade e descubra o poder de viver como filho amado de Cristo.

REFLEXÃO

Sentir culpa pode nos paralisar, nos impedindo de seguir em frente. Mas será que precisamos carregar esse peso sozinhos?

Em *Divertida Mente 2*, as emoções de Riley entram em conflito, mostrando como a culpa pode desequilibrar nossa vida. Assim como Riley busca harmonia, Deus nos chama a entregar nossas falhas a Ele. A cruz nos lembra que Jesus já pagou por tudo, oferecendo perdão completo.

Quando aceitamos a graça de Deus, a culpa dá lugar à esperança. Ele nos convida a recomeçar com leveza, deixando o peso do passado para trás. Você está pronto para confiar nesse perdão hoje?

DESAFIO

Hoje, reflita sobre algo que ainda causa culpa em seu coração. Você já entregou isso a Deus e confiou no perdão que Ele oferece? Ore pedindo a Ele que te ajude a abandonar esse peso e a viver na liberdade que Cristo conquistou por você.

ORAÇÃO

Pai, obrigado pela graça que me redime e me liberta da culpa. Ajuda-me a confiar no perdão que Jesus conquistou na cruz e a deixar para trás tudo o que me prende ao passado. Ensina-me a viver como alguém que não está condenado, mas amado e aceito por ti. Obrigado por transformar minha culpa em esperança.

Em nome de Jesus, amém.

DEVOCIONAL 23

PAIXÃO

DEUS NOS CHAMA A VIVER COM PROPÓSITO E ARDOR.

"Ame o Senhor, o seu Deus, de todo o seu coração, de toda a sua alma e de todas as suas forças."

(Deuteronômio 6:5)

Deus nos criou para uma vida cheia de paixão — uma entrega completa que reflete o amor e o propósito que ele colocou em nossos corações. Em Deuteronômio 6:5, ele nos dá um chamado poderoso: "Ame o Senhor, o seu Deus, de todo o seu coração, de toda a sua alma e de todas as suas forças." Esse amor vai além de palavras ou emoções. É um compromisso que molda nossas escolhas, transforma nossas prioridades e nos dá um senso de direção em tudo o que fazemos.

Mas o que significa viver com paixão? Não se trata apenas de intensidade ou entusiasmo momentâneo. É viver com propósito, alinhando nossos desejos e esforços à vontade de Deus. Quando amamos a Deus com todo o nosso ser, encontramos sentido em nossas ações, por mais simples que sejam. É como se cada pequena tarefa ganhasse valor, porque fazemos tudo para honrá-lo.

Você já se perguntou se tem amado a Deus com essa entrega total? Ou será que suas paixões têm sido direcionadas a coisas passageiras que te afastam do verdadeiro propósito? É fácil se perder em busca de coisas que prometem felicidade, mas que, no final, deixam o coração vazio. Deus nos chama para algo maior:

viver para Ele, colocando-o no centro de tudo.

Jesus nos mostrou como viver dessa maneira. Sua paixão pelo Reino de Deus foi evidente em tudo o que Ele fez. Ele amou as pessoas de forma incondicional, curou os enfermos, ensinou sobre o amor do Pai e entregou sua própria vida por nós. A cruz é o maior exemplo de uma vida vivida com propósito e paixão. Mesmo diante da dor, Jesus permaneceu comprometido com a vontade de Deus, demonstrando um amor que não tem limites.

Quando escolhemos viver com essa paixão, nossas vidas mudam. Deus se torna a prioridade, e tudo o que fazemos reflete o amor e o caráter Dele. Nossos relacionamentos se tornam mais significativos, nosso trabalho ganha propósito e até mesmo os desafios são enfrentados com coragem, porque sabemos que estamos vivendo para algo eterno.

Se você sente que perdeu o fervor em sua caminhada com Deus, não se preocupe. Ele está sempre pronto para reacender a chama no seu coração. Peça a Ele que renove sua paixão por Sua presença, por Sua Palavra e por fazer a vontade Dele. Reflita sobre suas prioridades e considere se elas têm honrado o chamado de amar a Deus com tudo o que você é.

Deixe-se inspirar pelo exemplo de Jesus. Viver com paixão pelo propósito de Deus não é algo reservado para poucos, tratando-se de um convite para todos nós. É escolher colocar Deus em primeiro lugar, permitir que Seu amor molde nossas ações e viver de uma forma que reflete sua luz ao mundo.

A vida com Deus é cheia de significado. Quando vivemos com paixão por Ele, encontramos alegria, propósito e a certeza de que estamos caminhando no plano perfeito de um Deus que nos ama profundamente. Aceite esse chamado hoje e viva com todo o coração, alma e força para aquele que deu tudo por você.

REFLEXÃO

Nossos desejos e motivações têm o poder de moldar nossas escolhas e relacionamentos. Mas será que estamos direcionando nossa energia para o que realmente tem valor eterno?

Em *Divertida Mente* 2, as emoções de Riley influenciam suas decisões, e ela busca equilíbrio em meio às suas paixões. Deus nos chama a fazer o mesmo, canalizando nosso ardor para Ele. Amar a Deus de todo o coração não significa abandonar o que fazemos, mas dar um propósito maior a tudo.

A cruz é o maior exemplo de amor intenso: Jesus se entregou completamente por nós. Será que temos vivido com o mesmo fervor, permitindo que nossas ações reflitam esse amor e inspirem outros?

Desafio

Hoje, reflita sobre onde você tem colocado sua paixão. Será que suas prioridades refletem o amor por Deus ou estão dispersas em coisas passageiras? Peça a Ele que renove o ardor em seu coração e mostre como alinhar suas paixões com o propósito divino.

Oração

Senhor, ensina-me a viver com paixão pelo que é eterno. Ajuda-me a Te amar de todo o meu coração, alma e forças, colocando-Te em primeiro lugar em tudo. Quero que minha vida reflita o propósito e o amor que vêm de Ti. Renova meu coração e guia-me para viver com ardor e entrega por Ti e pelo Teu Reino.

Em nome de Jesus, amém.

DEVOCIONAL 24

SOLIDÃO

DEUS É NOSSA PRESENÇA CONSTANTE E AMPARO NA SOLIDÃO.

"Mesmo que meu pai e minha mãe me abandonem, o Senhor me acolherá."

(Salmos 27:10)

A solidão é um sentimento universal. Todos nós, em algum momento, já nos sentimos sozinhos, seja em meio a uma multidão ou no silêncio de um quarto vazio. Nessas horas, podemos nos sentir esquecidos, incompreendidos e até mesmo sem direção. Mas Deus, em Sua bondade, nos traz uma promessa que conforta: "Ainda que meu pai e minha mãe me abandonem, o Senhor me acolherá" (Salmos 27:10).

Essa promessa nos lembra de que, mesmo quando tudo ao nosso redor parece vazio, Deus está presente. Ele não é alguém distante, apenas observando nossas lutas. Ele é um Pai amoroso que se envolve em cada detalhe de nossa vida. Quando o peso da solidão parece insuportável, Deus se aproxima, nos abraça e nos lembra de que somos profundamente amados e jamais esquecidos.

Entregar nossa solidão a Deus é um ato de confiança. Em oração, podemos abrir nosso coração e dizer exatamente como nos sentimos. Você já experimentou fazer isso? Quando falamos com Deus, algo incrível acontece: a presença Dele nos envolve, trazendo paz e renovando nossas forças. É como se Ele nos dissesse: "Eu estou aqui. Você nunca está sozinho."

Jesus também sabe o que é enfrentar a solidão. No momento mais difícil de Sua vida, na cruz, Ele foi abandonado por Seus amigos e sentiu o peso do isolamento. Ainda assim, Ele permaneceu firme, confiando no plano do Pai. Sua experiência nos mostra que Deus entende nossas dores mais profundas. Ele não apenas vê nossa solidão, mas caminha conosco por meio dela.

Nos momentos em que a solidão parece dominar, lembre-se de que ela não tem a palavra final. Deus está sempre por perto, pronto para nos acolher com Seu amor. Ele nos oferece sua presença como um refúgio, um lugar seguro onde podemos descansar e encontrar força para continuar.

Além disso, Deus frequentemente usa outras pessoas para demonstrar Seu cuidado. Talvez, ao se abrir com alguém de confiança, você possa perceber que há mais pessoas ao seu lado do que imagina. Ele nos criou para viver em comunidade, e mesmo que em alguns momentos nos sintamos isolados, Ele pode colocar pessoas em nosso caminho para nos lembrar de que não estamos sozinhos.

Se você está enfrentando a solidão hoje, entregue-a a Deus. Diga a Ele como você se sente e peça para que Sua presença preencha o vazio em seu coração. Confie que Ele está ao seu lado, mesmo quando tudo parece escuro.

Lembre-se de que o amor de Deus é constante e fiel. Ele nunca te abandona. Nos momentos mais difíceis, quando parecer que ninguém entende ou se importa, Deus estará lá, segurando Sua mão e te guiando com amor. Confie Nele e permita que Sua presença traga conforto e esperança ao seu coração.

REFLEXÃO

Momentos de solidão podem nos fazer sentir desconectados, como se faltasse algo essencial em nossa vida. Mas será que estamos buscando a fonte certa para preencher esse vazio?

Em *Divertida Mente 2*, Riley se sente distante de si mesma e dos outros, mas descobre novas conexões que renovam sua alegria. Deus também nos chama a buscar Sua presença, lembrando que Ele é suficiente para nos sustentar em qualquer situação.

A cruz nos prova que nunca estamos sozinhos. Jesus enfrentou o abandono para que tivéssemos um amigo fiel e um refúgio seguro. Você está disposto a transformar sua solidão em um encontro com Deus?

DESAFIO

Hoje, se a solidão estiver pesando em seu coração, entregue-a a Deus. Reserve um momento para conversar com Ele, expressando o que sente e pedindo para sentir Sua presença. Reflita sobre como Deus tem te sustentado em tempos difíceis e lembre-se de que Ele nunca te abandona.

ORAÇÃO

Senhor, obrigado porque Tu és minha companhia em todos os momentos, especialmente na solidão. Ajuda-me a lembrar que nunca estou sozinho, pois Teu amor me envolve e Tua presença é constante. Ensina-me a descansar em Ti e a confiar no Teu cuidado. Obrigado por ser meu amparo e meu refúgio em todas as situações.

Em nome de Jesus, amém.

DEVOCIONAL 25

ALEGRIA

A alegria como fruto do Espírito que muda nosso ambiente.

"Alegrem-se sempre no Senhor. Novamente direi: Alegrem-se!"
(Filipenses 4:4)

A verdadeira alegria não depende das circunstâncias ao nosso redor. Ela não vem de um momento perfeito, de conquistas ou de coisas que possuímos, mas surge de um coração que confia plenamente em Deus. O apóstolo Paulo nos ensina isso em Filipenses 4:4: "Alegrem-se sempre no Senhor. Novamente direi: Alegrem-se!" Ele escreveu essas palavras enquanto enfrentava prisões e adversidades, mostrando que a alegria que vem de Deus não está ligada às situações, mas à presença do Senhor em nossas vidas.

Essa alegria é fruto do Espírito Santo. Quando Deus transforma nosso interior, essa mudança reflete em tudo ao nosso redor. Um coração cheio de alegria, mesmo em meio às dificuldades, irradia esperança, paz e encorajamento para quem está por perto. Imagine o impacto de viver com essa confiança: sua vida se torna uma luz que ilumina os outros, um reflexo do amor e da graça de Deus.

Mas será que temos permitido que essa alegria de Deus guie nossos dias? Ou temos deixado as preocupações, o desânimo e os desafios nos roubarem o entusiasmo? É fácil nos deixar levar pelas dificuldades, mas Deus nos chama a olhar para Ele e lembrar que Sua fidelidade e amor são maiores do que qualquer problema que possamos enfrentar.

Jesus é a fonte dessa alegria. Ele não apenas falou sobre alegria, mas viveu com ela, mesmo diante de situações extremamente difíceis. Quando enfrentou a cruz, ele não desviou o olhar da promessa que estava à frente: a nossa redenção.

Essa mesma alegria está disponível para nós. Quando vivemos conectados com Cristo, encontramos motivos para agradecer e confiar, mesmo quando o cenário parece desfavorável.

É a certeza de que Deus está conosco, cuidando de cada detalhe, que nos dá força para enfrentar qualquer situação com um coração tranquilo.

Se hoje você sente que sua alegria está apagada, volte o olhar para Deus:

- Tire um momento para agradecer, mesmo pelas pequenas coisas.
- Reconheça o cuidado constante Dele em sua vida. A gratidão é um caminho poderoso para restaurar a alegria, pois nos lembra de que somos amados e sustentados por um Deus que nunca falha.

Deixe que a alegria de Deus ilumine seus dias. Não importa o que esteja acontecendo ao seu redor, escolha confiar Nele e viver com um coração grato. Essa alegria, que não depende das circunstâncias, é um testemunho vivo da presença de Deus em sua vida.

E ao viver dessa forma, você não apenas transforma seu próprio coração, mas também espalha paz e esperança para todos que estão ao seu redor.

REFLEXÃO

Alegria tem o poder de transformar até os dias mais difíceis. Mas será que estamos deixando essa luz brilhar em nós para alcançar os outros?

Em *Divertida Mente 2*, a personagem Alegria trabalha para equilibrar as emoções de Riley, mostrando como um coração alegre pode mudar situações complicadas. Deus nos chama a fazer o mesmo: espalhar a alegria que vem Dele, mesmo em meio aos desafios.

A alegria do Espírito não nega as lutas, mas nos lembra que Deus está no controle. Quando vivemos com essa certeza, levamos esperança e conforto aos que nos cercam. Você tem buscado essa alegria que transforma e abençoa os outros?

Desafio

Hoje, escolha se alegrar no Senhor, independentemente das circunstâncias. Pense em como você pode ser um instrumento de alegria na vida de alguém, seja com uma palavra encorajadora ou um gesto simples de bondade. Lembre-se: a alegria que vem de Deus é uma força que transforma.

Oração

Pai, obrigado pela alegria que o teu Espírito gera em meu coração. Ajuda-me a viver de forma que essa alegria transborde, mudando não apenas minha vida, mas também o ambiente ao meu redor. Ensina-me a confiar em Ti e a espalhar a esperança que só o Teu amor pode dar. Obrigado, porque em Ti encontro motivos para me alegrar sempre.

Em nome de Jesus, amém.

DEVOCIONAL 26

REALIZAÇÃO

REALIZAÇÃO EM DEUS: ENCONTRANDO PLENITUDE NO SEU PROPÓSITO.

"Busquem, pois, em primeiro lugar o Reino de Deus e a sua justiça, e todas essas coisas lhes serão acrescentadas."

(Mateus 6:33)

Muitas vezes, buscamos satisfação em conquistas, relacionamentos ou na aprovação dos outros. Achamos que, ao alcançar determinados objetivos, finalmente nos sentiremos completos. Mas, mesmo depois de conseguirmos o que desejamos, o vazio pode continuar ali. Isso acontece porque nenhuma dessas coisas pode preencher o espaço em nosso coração que pertence somente a Deus.

Em Mateus 6:33, Jesus nos dá uma direção clara: "Busquem em primeiro lugar o Reino de Deus e a sua justiça, e todas essas coisas lhes serão acrescentadas." Ele nos ensina que a verdadeira realização não vem do que conquistamos, mas de colocar Deus no centro de nossas vidas. Quando buscamos o propósito de Deus acima de tudo, Ele promete suprir todas as nossas necessidades.

Essa realização em Deus não significa que nossa vida será isenta de dificuldades. Problemas e desafios fazem parte da nossa jornada, mas a diferença está em como enfrentamos essas situações. Quando nossa prioridade é viver para Deus, encontramos paz e propósito, mesmo em meio às adversidades. Isso nos dá uma satisfação que vai muito além do que qualquer conquista passageira possa oferecer.

Pare por um momento e reflita: onde você tem buscado sua realização? Será que tem colocado sua confiança em coisas que são temporárias, como bens materiais, reconhecimento ou *status*? Essas coisas podem trazer uma felicidade momentânea, mas nunca conseguem sustentar o coração. Somente em Deus encontramos uma alegria e plenitude que permanecem.

Jesus é o exemplo perfeito de como viver essa verdade. Ele dedicou cada momento de Sua vida ao propósito do Pai, mostrando que a verdadeira realização vem da obediência e do amor a Deus. Em Sua caminhada, Jesus não buscou riqueza, fama ou conforto, mas focou em cumprir a missão que o Pai lhe confiou. Ele sabia que viver para algo maior — o Reino de Deus — era o único caminho para uma vida plena.

Quando escolhemos colocar Deus em primeiro lugar, nossas prioridades mudam. Começamos a valorizar mais o que tem significado eterno e menos o que é passageiro. Nossos relacionamentos se tornam mais profundos, nosso trabalho ganha propósito e até os desafios se tornam oportunidades para crescer na fé.

Se hoje você sente que algo está faltando, considere onde está colocando sua energia e atenção. Peça a Deus para alinhar seu coração ao propósito Dele. Entregue seus desejos, suas metas e até suas preocupações nas mãos do Senhor. Busque primeiro o Reino de Deus e confie que Ele cuidará do restante.

Viver para Deus é viver para algo maior do que nós mesmos. É encontrar plenitude em saber que estamos alinhados ao plano perfeito de um Deus que nos ama profundamente. Que possamos seguir o exemplo de Jesus, dedicando nossa vida ao propósito do Pai e descobrindo uma realização que nenhuma outra coisa pode oferecer.

REFLEXÃO

Muitas vezes, buscamos sentido em coisas passageiras e acabamos nos sentindo vazios. Mas será que estamos colocando Deus no centro de nossas escolhas?

Em *Divertida Mente 2*, Riley enfrenta mudanças e incertezas enquanto tenta encontrar propósito. Isso nos lembra que Deus nos chama a focar no que é eterno, guiando nossas decisões e nos dando verdadeira plenitude.

A cruz é o maior exemplo de propósito realizado. Jesus entregou Sua vida para cumprir o plano de salvação, mostrando que a verdadeira satisfação está em glorificar o Pai. Alinhe seus desejos à vontade de Deus e encontre alegria em viver para algo eterno.

DESAFIO

Hoje, reflita sobre onde você tem buscado realização. Será que suas prioridades estão alinhadas com o propósito de Deus? Ore, pedindo ao Senhor que Te ajude a focar no que realmente importa e a confiar que Ele suprirá todas as suas necessidades enquanto você busca, em primeiro lugar, o Seu Reino.

ORAÇÃO

Senhor, quero encontrar minha realização em Ti e no Teu propósito para minha vida. Ajuda-me a buscar primeiro o Teu Reino e a viver de acordo com a Tua vontade. Ensina-me a deixar de lado o que é passageiro e a confiar que Tu sempre cuidas de mim. Obrigado, porque em Ti encontro plenitude e propósito eterno.

Em nome de Jesus, amém.

DEVOCIONAL 27

INSEGURANÇA

A CONFIANÇA QUE VENCE A INSEGURANÇA.

"Em paz me deito e logo adormeço, pois só Tu, Senhor, me fazes viver em segurança."

(Salmos 4:8)

A insegurança é algo que todos enfrentamos. Ela pode surgir de desafios que parecem grandes demais, de dúvidas sobre nosso valor ou de incertezas sobre o futuro. Quando a insegurança aparece, ela age como uma nuvem escura que paira sobre nós, trazendo inquietação e nos fazendo questionar se somos capazes ou até se Deus está realmente cuidando de nós.

Mas Deus, em sua Palavra, nos dá um caminho para lidar com esses momentos. No Salmos 4:8, Davi declara: "Em paz me deito e logo adormeço, pois só Tu, Senhor, me fazes viver em segurança." Essas palavras nos lembram que a verdadeira segurança não está em nossas habilidades ou nas circunstâncias ao nosso redor, mas em Deus, que é fiel e poderoso para cuidar de nós.

Confiar em Deus não significa que todos os problemas desaparecerão, mas que não precisamos enfrentá-los sozinhos. Quando descansamos Nele, encontramos uma paz que vai além da compreensão humana. Essa paz não depende de uma vida sem desafios, mas da certeza de que estamos nas mãos de um Pai amoroso que nunca falha.

Você já experimentou entregar suas inseguranças a Deus? Falar com Ele sobre o que está no seu coração, sobre as coisas que te preocupam ou te fazem duvidar? Esse ato de entrega é libertador. Quando colocamos nossas preocupações nas mãos de Deus, Ele nos dá força e nos lembra de que não estamos sozinhos.

Jesus também nos convida a confiar plenamente Nele. Nos conhece profundamente, sabe cada detalhe da nossa vida e entende nossas lutas. Em Mateus 11:28, Ele diz: "Venham a mim, todos os que estão cansados e sobrecarregados, e eu lhes darei descanso." Essa é uma promessa que nos conforta e nos dá coragem para seguir em frente, sabendo que Ele caminha ao nosso lado.

Nos momentos em que a insegurança parece dominar, precisamos fixar nossos olhos em Jesus. Ele é o autor e consumador da nossa fé, Aquele que está no controle de todas as coisas. Quando focamos em Sua presença e em Suas promessas, nossas dúvidas começam a desaparecer e a confiança em Deus cresce.

Se hoje você está se sentindo inseguro, lembre-se de que Deus é a sua rocha e o seu refúgio. Fale com Ele, confie em Sua fidelidade e permita que Sua paz preencha o seu coração. Ele não apenas promete estar com você, mas também Te sustenta e Te guia, mesmo nos momentos mais incertos.

A insegurança pode ser grande, mas o amor e o cuidado de Deus são maiores. Descansar Nele é a chave para encontrar paz e força para enfrentar qualquer situação. Confie no Senhor, pois Ele é a sua segurança em todos os momentos.

REFLEXÃO

Todos enfrentamos momentos de dúvida e medo, nos perguntando se estamos no caminho certo. Mas será que nos lembramos de onde vem nossa verdadeira segurança?

Em *Divertida Mente* 2, Riley lida com incertezas que a fazem questionar quem ela é. Da mesma forma, Deus nos chama a lembrar que nossa identidade está Nele. A cruz prova que Ele é digno de nossa confiança: se Deus entregou Seu Filho por nós, por que duvidar de que Ele cuida das nossas lutas diárias?

Quando confiamos no amor de Deus, encontramos coragem para seguir em frente. Ele nos lembra de que não precisamos ser dominados pela dúvida, pois estamos em Suas mãos.

DESAFIO

Hoje, identifique uma área em que você tem se sentido inseguro. Será que você pode entregar essa preocupação ao Senhor, confiando que Ele te sustenta? Reflita sobre o que significa descansar em Deus, sabendo que Ele é sua segurança em todos os momentos.

ORAÇÃO

Senhor, muitas vezes a insegurança toma conta do meu coração, mas hoje escolho confiar em Ti. Ajuda-me a lembrar que minha paz está em Tua presença e que Tu és minha segurança em todas as circunstâncias. Ensina-me a descansar no Teu amor e a viver com confiança no Teu cuidado. Obrigado, porque posso enfrentar cada dia com a certeza de que Tu estás comigo.

Em nome de Jesus, amém.

DEVOCIONAL 28

FÉ

A ROCHA INABALÁVEL DE NOSSA ESPERANÇA.

"Pois vivemos por fé, e não pelo que vemos."

(2 Coríntios 5:7)

A fé é como um alicerce que nos sustenta, mesmo quando tudo à nossa volta parece incerto ou instável. Em 2 Coríntios 5:7, a Bíblia nos desafia a viver "pela fé, e não pelo que vemos." Essa mensagem nos convida a confiar em Deus, mesmo quando o caminho diante de nós é obscuro ou quando as circunstâncias parecem desfavoráveis. É uma chamada para colocar nossa confiança não no que sentimos ou enxergamos, mas no que Deus prometeu. é baseada em quem Deus é: fiel, amoroso e poderoso. Quando nos lembramos de suas promessas e de sua constante presença em nossas vidas, somos fortalecidos para seguir em frente, mesmo diante das adversidades.

Você já pensou em como seria sua vida se confiasse plenamente no Senhor, sem hesitar? Imagine como seria enfrentar desafios sabendo que, mesmo que as coisas não façam sentido agora, Deus está sabemos que Ele está presente, guiando nossos passos.

Jesus é o maior exemplo de fé inabalável. Durante Sua vida na Terra, Ele enfrentou oposição, rejeição e sofrimento, mas nunca perdeu a confiança no plano do Pai. No Jardim do Getsêmani, antes de enfrentar a cruz, Ele orou: "Pai, não seja feita a minha vontade, mas a Tua" (Lucas 22:42). Essa atitude nos ensina que a fé nos permite enxergar além do presente, confiando no futuro que Deus preparou.

Quando escolhemos viver pela fé, nossa perspectiva muda. Em vez de focarmos no problema, fixamos nossos olhos em Deus, que é maior do que qualquer dificuldade. A fé nos dá força para continuar, mesmo quando parece que não há saída, pois sabemos que Ele é a nossa rocha firme, que nunca se abala.

Se você está enfrentando momentos de incerteza ou dúvida, leve suas preocupações a Deus em oração. Peça a Ele que fortaleça sua fé e te ajude a descansar em Suas promessas. Lembre-se de que Ele já demonstrou sua fidelidade em sua vida — talvez em momentos que você nem percebeu.

A fé nos convida a caminhar com confiança, sabendo que Deus está conosco em cada passo. Mesmo quando não conseguimos ver o que está à frente, podemos confiar que Ele está preparando um caminho seguro. Viva pela fé, pois, com Deus, nunca estamos sozinhos, e o futuro que ele tem para nós é cheio de esperança e propósito.

REFLEXÃO

Em tempos difíceis, é normal sentir que os problemas são maiores do que podemos suportar. Mas será que estamos colocando nossa confiança em Deus, que nunca deixa de agir, mesmo quando não vemos o resultado?

Em *Divertida Mente 2*, Riley enfrenta desafios que testam sua esperança. Da mesma forma, Deus nos chama a caminhar pela fé, confiando que Ele tem um plano. A cruz, que parecia o fim, foi o começo da nossa redenção, mostrando que Deus sempre trabalha para o nosso bem.

Viver pela fé muda nossa visão. Em vez de focarmos nas dificuldades, enxergamos a grandeza de Deus e encontramos coragem para esperar com paciência pelo que Ele está realizando.

DESAFIO

Hoje, reflita sobre áreas em que você tem lutado para confiar em Deus. Ore, pedindo ao Senhor que fortaleça sua fé e te ajude a descansar na certeza de que Ele é a rocha inabalável de sua esperança. Relembre as promessas de Deus e escolha viver confiando no que Ele diz, e não apenas no que você vê.

ORAÇÃO

Pai, quero viver pela fé, confiando que Tu és minha rocha inabalável em todos os momentos. Ajuda-me a não depender apenas do que vejo, mas a descansar nas Tuas promessas. Fortalece minha confiança em Ti, mesmo nos dias difíceis, e ensina-me a viver com esperança no futuro que preparaste para mim. Obrigado por seres fiel e por nunca me abandonar.

Em nome de Jesus, amém.

DEVOCIONAL 29

ALEGRIA

ENCONTRANDO A VERDADEIRA ALEGRIA EM DEUS, INDEPENDENTE DAS CIRCUNSTÂNCIAS.

"A alegria do Senhor é a nossa força."

(Neemias 8:10)

A verdadeira alegria não está nas circunstâncias externas. Ela não vem de momentos perfeitos ou da ausência de problemas, mas da certeza da presença constante de Deus em nossa vida. Em Neemias 8:10, o povo de Israel foi lembrado: "A alegria do Senhor é a nossa força." Essas palavras foram ditas em um momento de arrependimento e desafios, mostrando que a alegria em Deus é um refúgio, mesmo em tempos difíceis.

Essa alegria não é apenas uma emoção passageira. Ela nasce de uma certeza profunda: Deus é bom, fiel e está no controle, independentemente do que enfrentamos. É saber que, mesmo nas tempestades, Ele está ao nosso lado, guiando e sustentando. Quando colocamos nossa confiança Nele, essa alegria se torna uma fonte de força, renovando nosso ânimo e nos capacitando a encarar os desafios com coragem e esperança.

Você já experimentou essa alegria que vai além das circunstâncias? Talvez em momentos de dificuldade, quando parecia impossível sorrir, mas Deus trouxe paz ao seu coração e a certeza de que Ele está cuidando de tudo. Essa é a alegria que Ele nos oferece: uma alegria que sustenta, que fortalece e que nos lembra de que nunca estamos sozinhos.

Jesus é o exemplo perfeito dessa alegria. Durante Sua vida na Terra, Ele enfrentou rejeição, oposição e, por fim, a cruz.

Isso nos ensina que, mesmo nas situações mais difíceis, há um propósito maior e uma razão para confiar no Pai.

Deus nos convida a encontrar essa alegria. Não é uma promessa de que a vida será sempre fácil, mas de que teremos uma força que nos sustentará em todos os momentos.

Quando nos voltamos para Deus em oração, quando confiamos em Suas promessas e lembramos de Sua fidelidade, essa alegria se torna real em nossas vidas.

Se você está passando por um momento difícil, peça a Deus que renove a alegria em seu coração. Não importa o tamanho da tempestade, Ele está com você e deseja que você encontre força em Sua presença.

Lembre-se de que a alegria do Senhor é uma promessa, uma fonte inesgotável que está disponível para todos que confiam Nele.

Viva com a certeza de que Deus está trabalhando para o seu bem. Mesmo nos dias mais difíceis, essa alegria pode ser sua força, guiando seus passos e trazendo paz ao seu coração.

Confie Nele, e permita que a verdadeira alegria transforme sua vida, independentemente das circunstâncias.

REFLEXÃO

Muitas vezes, buscamos felicidade em coisas passageiras, mas elas não conseguem nos sustentar nos momentos difíceis. A alegria que vem de Deus, no entanto, permanece firme, mesmo quando enfrentamos desafios.

Em *Divertida Mente 2*, a personagem Alegria ajuda Riley a perceber que as dificuldades fazem parte do crescimento. Da mesma forma, a Cruz nos ensina que o sofrimento pode trazer propósitos maiores. Jesus suportou a dor olhando para o eterno, e essa mesma esperança nos fortalece.

Quando Deus é nossa fonte de alegria, ela transforma nosso interior e alcança as pessoas ao nosso redor, trazendo luz em meio às dificuldades.

Desafio

Hoje, escolha focar na alegria que vem do Senhor. Reflita sobre como Deus tem sido bom em sua vida, mesmo em tempos difíceis. Pense em uma forma de compartilhar essa alegria com alguém ao seu redor, seja por meio de um gesto de bondade ou palavras de encorajamento.

Oração

Senhor, obrigado porque Tua alegria é minha força em todas as circunstâncias. Ensina-me a confiar em Ti e a encontrar alegria mesmo nos momentos desafiadores. Ajuda-me a viver de forma que essa alegria transborde e alcance outras pessoas, refletindo Teu amor e Tua bondade.

Em nome de Jesus, amém.

DEVOCIONAL 30

TRISTEZA

ENCONTRANDO CONSOLO E ESPERANÇA EM DEUS DURANTE OS MOMENTOS DE TRISTEZA.

"O Senhor está perto dos que têm o coração quebrantado e salva os de espírito abatido."

(Salmos 34:18)

A tristeza é uma realidade da vida. Ela chega sem avisar, seja pela perda de alguém querido, por frustrações ou por situações que fogem ao nosso controle. Nessas horas, o peso no coração parece insuportável, e podemos nos sentir sozinhos ou incompreendidos. Mas Deus, em sua bondade, nos lembra no Salmos 34:18: "O Senhor está perto dos que têm o coração quebrantado e salva os de espírito abatido."

Esse versículo nos traz esperança. Ele nos garante que, mesmo nos momentos mais sombrios, Deus está presente, pronto para nos consolar. Sua proximidade nos dá força para enfrentar a dor e nos lembra de que não precisamos carregar esse peso sozinhos.

Quando enfrentamos a tristeza, é natural buscarmos respostas ou tentarmos lidar com tudo por conta própria. Mas Deus nos convida a fazer algo diferente: derramar nosso coração diante Dele. Falar com Ele sobre nossa dor é um ato de confiança e fé. Ele entende cada lágrima e cada sentimento, mesmo aqueles que não conseguimos expressar em palavras.

Você já experimentou entregar sua tristeza a Deus? É nesses momentos que sua paz começa a preencher os espaços vazios do nosso coração. Não significa que a dor desaparece de imediato, mas Sua presença nos fortalece e nos ajuda a seguir em frente.

Jesus também enfrentou tristeza. No Jardim do Getsêmani, antes de ir para a cruz, Ele sentiu uma angústia tão profunda que orou intensamente ao Pai. Ele pediu forças, mas também confiou plenamente no plano de Deus. Essa atitude nos ensina que podemos levar toda a nossa dor a Deus, sabendo que Ele ouve, entende e cuida de nós.

A tristeza não é o fim da história. Em Cristo, encontramos não apenas consolo, mas também a promessa de que nossa dor será transformada. Como diz o Salmos 30:5: "O choro pode durar uma noite, mas a alegria vem pela manhã." Deus é especialista em renovar o que está quebrado e trazer esperança onde só havia desespero.

Se você está enfrentando um momento de tristeza, lembre-se de que Deus está perto de você. Ele vê sua dor, entende suas lágrimas e oferece consolo. Fale com Ele, entregue seus sentimentos e confie que Sua graça é suficiente para sustentar você, mesmo nos dias mais difíceis.

A tristeza faz parte da vida, mas em Cristo, ela nunca é definitiva. Ele nos dá força para seguir em frente, esperança para os dias difíceis e a certeza de que nunca estamos sozinhos. Permita que Deus seja seu refúgio e deixe que Sua presença traga paz ao seu coração. Em meio à dor, Ele está lá, pronto para caminhar ao seu lado e transformar sua tristeza em alegria.

REFLEXÃO

A tristeza, embora difícil, pode ser um caminho para crescimento e renovação. Será que temos permitido que Deus transforme nossa dor em algo significativo?

Em Divertida Mente 2, a personagem Tristeza mostra a importância de expressar sentimentos e encontrar conforto ao se conectar com quem nos ama. Da mesma forma, quando entregamos nossa dor a Deus, Ele a usa para nos curar e fortalecer. A cruz é a prova de que até os momentos mais sombrios podem trazer redenção.

Deus não apenas consola, mas renova nossa esperança, lembrando-nos que a alegria sempre virá. Sua fidelidade nos sustenta, mostrando que nunca estamos sozinhos em nossas lutas.

DESAFIO

Hoje, leve sua tristeza a Deus em oração. Compartilhe com Ele o que está em seu coração e confie que Ele está perto, pronto para te consolar e fortalecer. Reflita também sobre como você pode ser um instrumento de consolo para alguém ao seu redor que esteja enfrentando um tristeza.

ORAÇÃO

Senhor, obrigado por estar perto de mim nos momentos em que meu coração está quebrado. Ajuda-me a confiar em Tua presença e a encontrar consolo e esperança em Ti. Ensina-me a buscar refúgio na Tua graça e a lembrar que a tristeza nunca é o fim, pois Tua fidelidade transforma todas as coisas. Obrigado por ser minha força e minha paz.

Em nome de Jesus, amém.

DEVOCIONAL 31

NOSTALGIA

ENCONTRANDO GRATIDÃO NAS LEMBRANÇAS E ESPERANÇA NO FUTURO QUE DEUS TEM PREPARADO.

"Recordarei os feitos do Senhor; recordarei os Teus antigos milagres. Meditarei em todos os Teus feitos e considerarei todos os Teus grandes feitos."

(Salmos 77:11-12)

A nostalgia é como abrir uma janela para o passado. Ela traz à mente momentos que aquecem o coração, mas também pode despertar uma saudade que nos faz desejar reviver esses tempos. No Salmos 143:5, o salmista diz: "Recordarei os feitos do Senhor; recordarei os Teus antigos milagres. Meditarei em todos os Teus feitos e considerarei todos os Teus grandes feitos." Essas palavras nos mostram que, ao refletir sobre o que Deus já fez, podemos encontrar gratidão, força para o presente e esperança para o futuro.

Relembrar os feitos de Deus em nossa vida não é apenas um exercício de memória; é um ato de fé. As lembranças de como Ele nos sustentou nos tempos difíceis ou nos abençoou nos momentos de alegria nos ajudam a reconhecer que Sua fidelidade nunca muda. Mesmo quando enfrentamos incertezas, podemos confiar que o mesmo Deus que esteve conosco no passado continua trabalhando por nós hoje.

Você já parou para refletir sobre como Deus agiu em sua história? Talvez tenha sido em um momento de provisão inesperada, em uma oração respondida ou em um consolo recebido em meio à dor. Essas lembranças são preciosas, pois nos mostram que Deus está presente em todos os detalhes de nossa vida, guiando-nos com amor e propósito.

Ao mesmo tempo, Deus nos chama a equilibrar gratidão pelo passado com confiança no futuro. Nostalgia é saudável quando nos leva a reconhecer a bondade de Deus, mas não quando nos prende a um tempo que já passou. Ele deseja que vivamos o presente com plenitude, lembrando que cada dia traz novas oportunidades de experimentar Seu amor e propósito.

Jesus é o maior exemplo de como olhar para o futuro com fé. Ele viveu Sua missão na Terra com os olhos fixos na alegria que viria depois: a nossa redenção e reconciliação com o Pai. Mesmo diante do sofrimento, Ele sabia que o plano de Deus era perfeito. Isso nos ensina a confiar que Deus está sempre trabalhando, mesmo quando não conseguimos enxergar o quadro completo.

Se hoje você sente saudade de um tempo passado ou se está preso ao medo do que está por vir, lembre-se: Deus é fiel. Ele esteve com você em todos os momentos e continuará ao seu lado, guiando cada passo. Reflita sobre as obras Dele em sua vida e use essas memórias como combustível para renovar sua confiança.

Deus tem um plano perfeito para você. Ele não apenas esteve presente no seu passado, mas está com você agora e promete um futuro cheio de esperança. Viva com gratidão pelas lembranças e com fé no que ainda está por vir, sabendo que o mesmo Deus que já fez grandes coisas continuará a agir em seu favor.

REFLEXÃO

As memórias têm o poder de nos ensinar e fortalecer, mas será que estamos usando o que vivemos como motivo para confiar em Deus?

Em *Divertida Mente 2*, as lembranças de Riley mostram como o passado pode moldar nosso presente sem nos prender. Da mesma forma, Deus nos convida a olhar para o passado com gratidão e para o futuro com esperança. A Cruz, maior prova de Sua fidelidade, nos lembra que Ele cumpre Suas promessas e tem um propósito para nós.

O Deus que cuidou de nós no passado, continuará nos guiando. Transforme suas memórias em combustível para seguir em frente com confiança e expectativa.

Desafio

Hoje, reserve um tempo para agradecer a Deus por momentos do passado em que Ele cuidou de você. Reflita sobre como essas lembranças podem fortalecer sua fé no presente. Além disso, peça a Deus que Te encha de esperança para o futuro que Ele está preparando.

Oração

Pai, obrigado pelas memórias do Teu cuidado e pelas muitas formas como já agiste em minha vida. Ajuda-me a transformar essas lembranças em gratidão e a confiar no futuro que estás preparando para mim. Ensina-me a viver com esperança e a reconhecer Tua fidelidade em cada detalhe da minha história.

Em nome de Jesus, amém.

DEVOCIONAL 32

NOJINHO

PALAVRAS E PENSAMENTOS QUE HONRAM A DEUS.

"Que as palavras da minha boca e a meditação do meu coração sejam agradáveis a ti, Senhor, minha Rocha e meu Redentor."

(Salmo 19:14)

As palavras que falamos e os pensamentos que cultivamos refletem o que está enraizado em nosso coração. Muitas vezes, imaginamos que somente nossas ações externas determinam nosso relacionamento com Deus, mas a realidade é que aquilo que passa despercebido aos olhos humanos também tem grande importância para ele. Podemos facilmente criar uma imagem diante das pessoas, demonstrando piedade, gentileza e sabedoria, mas Deus sonda o nosso interior. Ele não vê apenas o que expressamos verbalmente, mas também aquilo que guardamos em silêncio dentro de nós.

O salmista Davi, ao encerrar este salmo, faz uma oração simples, mas poderosa: ele deseja que tanto o que expressa com a boca quanto o que guarda em segredo no coração sejam agradáveis a Deus. Essa oração revela uma compreensão profunda de que nossa adoração não se limita a cânticos ou orações públicas, mas também inclui nossas conversas diárias, nossos pensamentos mais secretos e as intenções mais ocultas do coração. Deus não se impressiona com palavras bonitas ou gestos exteriores, mas se alegra com um coração sincero e íntegro diante dele.

Muitas vezes, é fácil controlar o que dizemos quando estamos em público. Escolhemos cuidadosamente nossas palavras, medimos nossas expressões e buscamos demonstrar um caráter íntegro diante dos outros. Mas o verdadeiro desafio está em manter o coração puro quando estamos sozinhos, imersos em nossos próprios pensamentos. É nesses momentos que o que realmente habita dentro de nós se revela. Se cultivamos amargura, ressentimento, orgulho ou impureza, cedo ou tarde, isso se manifestará em nossa conduta e em nossas palavras. O que meditamos internamente molda quem nos tornamos externamente.

Por outro lado, quando enchemos nossa mente com as verdades de Deus, nossa vida reflete essa transformação. A Palavra diz que "a boca fala do que o coração está cheio" (Lucas 6:45), o que significa que, ao nutrirmos nossa alma com os princípios divinos, nossos pensamentos, palavras e ações passam a ser um reflexo da presença de Deus em nós. Isso não significa que nunca teremos pensamentos errados ou momentos de fraqueza, mas que nosso coração estará continuamente sendo moldado pela graça e pela verdade. Assim como uma árvore saudável produz bons frutos, uma mente cheia da Palavra de Deus resultará em atitudes e palavras que glorificam o Senhor.

Davi reconhece que não pode alcançar esse padrão sozinho; por isso, ele se volta para o Senhor, sua Rocha e Redentor. Ele entende que, por mais que se esforce, sua natureza humana ainda é falha e necessita da intervenção de Deus. Isso nos lembra que a transformação do coração não é fruto apenas de esforço humano, mas da ação de Deus em nós. Muitas vezes, tentamos vencer maus hábitos e pensamentos negativos apenas com nossa própria força, mas é o Espírito Santo quem opera uma mudança real e duradoura em nós.

Ele é a nossa base firme e o único capaz de redimir não apenas nossos erros visíveis, mas também aquilo que acontece no íntimo da alma. Quando entregamos a ele nossas palavras e pensamentos, permitimos que seu Espírito Santo trabalhe em nós, purificando nosso interior e nos conduzindo a uma vida que realmente o glorifica. E essa transformação não acontece de forma instantânea, mas progressivamente, conforme aprendemos a nos render a ele e a buscar sua vontade em cada detalhe de nossa vida.

Se queremos agradar a Deus, não basta apenas vigiar nossas palavras e atitudes externas. Precisamos convidá-lo a transformar nossos pensamentos, nossas motivações e aquilo que ninguém mais vê. Quando o Senhor é o centro de nossa mente e coração, nossas palavras naturalmente refletem sua bondade, e nossa vida se torna um testemunho vivo de sua graça e amor

REFLEXÃO

Separar o que é bom do que pode nos prejudicar é essencial para nossa caminhada com Deus. Será que temos usado o discernimento que ele nos dá para proteger nosso coração e mente?

Em *Divertida Mente 2*, a personagem Nojinho ajuda Riley a evitar escolhas ruins, mostrando como esse cuidado é importante. Da mesma forma, Jesus nos libertou para viver de maneira íntegra e saudável, capacitando-nos a rejeitar o que destrói e a escolher o que reflete Sua santidade.

Fazer escolhas edificantes demonstra amor e obediência a Deus. Ele nos convida a uma vida que glorifica Seu nome, trazendo paz e alegria verdadeira. Que escolhas você pode entregar a Ele hoje?

DESAFIO

Hoje, faça uma pausa para refletir: suas palavras e pensamentos têm sido agradáveis a Deus? Peça ao Senhor que revele áreas da sua vida onde você precisa de transformação. Escolha intencionalmente um versículo bíblico para meditar ao longo do dia e, antes de falar, pergunte-se: "Isso glorifica a Deus?" Permita que Ele seja o filtro do que você pensa e diz.

ORAÇÃO

Senhor, quero que minhas palavras e pensamentos reflitam a tua presença em minha vida. Ajuda-me a discernir o que não te agrada e a transformar minha mente com a tua verdade. Purifica meu coração para que, mesmo no silêncio dos meus pensamentos, eu possa honrar-te. Que tu sejas minha Rocha firme e meu Redentor, conduzindo cada detalhe do meu interior e exterior.

Em nome de Jesus, amém.

DEVOCIONAL 33

AMOR PRÓPRIO

VENDO A SI MESMO COM OS OLHOS DE DEUS.

"Pois somos criação de Deus, realizada em Cristo Jesus para fazermos boas obras, as quais Deus preparou de antemão para nós as praticarmos."

(Efésios 2:10)

Amar a si mesmo nem sempre é fácil. Muitas vezes, permitimos que erros do passado, críticas ou comparações definam como nos vemos. Essas coisas podem distorcer a maneira como enxergamos nosso valor, nos fazendo esquecer de quem realmente somos. Mas Deus, em Sua Palavra, nos lembra em Efésios 2:10: "Pois somos criação de Deus, realizada em Cristo Jesus para fazermos boas obras, as quais Deus preparou de antemão para nós as praticarmos."

Esse versículo é um lembrete poderoso: você é criação de Deus, cuidadosamente formado com propósito e valor. Você não é um acidente, nem alguém sem importância. Deus te fez com intenção, como Sua obra-prima. Ele te conhece profundamente e te ama incondicionalmente.

Amar a si mesmo, à luz da Bíblia, não é sobre orgulho ou egoísmo. Trata-se de entender que nosso valor vem do fato de pertencermos a Deus. Ele nos criou únicos, com dons, talentos e um propósito que ninguém mais pode cumprir. Quando reconhecemos que somos amados e aceitos por Ele, começamos a nos ver com os olhos Dele, e isso muda tudo.

Infelizmente, o mundo muitas vezes tenta nos convencer

do contrário. As comparações com os outros, as críticas que ouvimos ou as falhas que cometemos podem criar uma visão distorcida de nós mesmos. Mas Deus não nos define por nossos erros ou pelas opiniões alheias. Ele nos vê através do sacrifício de Jesus, como filhos amados, cheios de potencial e dignos de Seu amor.

Jesus nos mostrou nosso valor de uma forma extraordinária: Ele deu Sua vida por nós. Ele sofreu e morreu na cruz para nos resgatar, nos perdoar e nos reconciliar com Deus. Esse ato supremo de amor nos ensina o quanto somos preciosos. Quando entendemos isso, somos libertos das mentiras que nos diminuem e passamos a viver como Deus nos criou para ser.

Você já parou para pensar em como Deus te vê? Ele não apenas te aceita como você é, mas também te convida a crescer e viver plenamente. Ele te formou com um propósito, e quando você se enxerga como Ele te enxerga, aprende a viver com mais confiança e gratidão.

Se você tem dificuldade em amar a si mesmo, peça a Deus que te ajude a ver o valor que Ele colocou em você. Medite em sua Palavra, que afirma quem você é: amado, escolhido, perdoado e criado com propósito. Substitua as lentes distorcidas pelo mundo pela verdade que vem de Deus.

Amar a si mesmo não significa ignorar nossos defeitos ou desafios, mas reconhecer que, mesmo com nossas imperfeições, somos profundamente amados por Deus. Esse amor nos liberta para viver com alegria e confiança, refletindo o propósito único que Ele colocou em nossas vidas.

Aceite quem você é em Cristo, e você descobrirá como é viver em gratidão e paz, sabendo que foi cuidadosamente criado pelo Deus que te ama sem medida.

REFLEXÃO

Como você tem enxergado a si mesmo? Será que tem reconhecido o imenso valor que Deus te deu ao te criar e amar incondicionalmente?

Em *Divertida Mente 2*, as emoções ajudam Riley a entender quem ela é e a valorizar suas experiências. Da mesma forma, Deus nos chama a ver nossa identidade através de Seu amor. A Cruz prova o quanto você vale para Ele: você foi criado com propósito e resgatado por um amor sem limites.

Quando nos vemos pelos olhos de Deus, somos libertos das pressões do mundo e das críticas que nos prendem. Isso nos dá confiança e paz, pois nosso valor está firmado Nele.

DESAFIO

Hoje, escreva três coisas que você aprecia sobre si mesmo, lembrando que você é obra das mãos de Deus. Ore, pedindo ao Senhor que te ajude a ver sua vida como Ele vê, reconhecendo seu valor e propósito. Compartilhe essa verdade com alguém que precisa de encorajamento.

ORAÇÃO

Pai, obrigado por me lembrar que sou Tua criação, feita com amor e propósito. Ajuda-me a ver a mim mesmo com os Teus olhos, rejeitando os pensamentos que me diminuem e aceitando a verdade do meu valor em Ti. Ensina-me a viver com confiança, refletindo o Teu amor em tudo o que faço.

Em nome de Jesus, amém.

DEVOCIONAL 34

INVEJA

O ANTÍDOTO CONTRA A INVEJA.

"Não inveje os pecadores em seu coração; melhor será que tema sempre o Senhor."

(Provérbios 23:17)

A inveja é um sentimento sutil que se infiltra no coração quando começamos a comparar nossa vida com a dos outros. Ela pode surgir de maneira imperceptível, crescendo silenciosamente até se tornar um peso que nos rouba a paz. Muitas vezes, isso acontece sem que percebamos. Olhamos para o sucesso, as conquistas ou a aparente felicidade alheia e, antes mesmo de nos darmos conta, nasce um desconforto interior, uma sensação de que estamos ficando para trás ou de que nossa própria vida é insuficiente. Esse sentimento pode se manifestar de maneiras discretas, como a frustração silenciosa ao ver alguém prosperar, a dificuldade em celebrar genuinamente a vitória de outra pessoa ou até mesmo um pensamento momentâneo de injustiça, como se Deus estivesse favorecendo alguns e esquecendo de nós.

O autor de Provérbios nos alerta para esse perigo: o problema da inveja não está apenas no que vemos, mas no que permitimos crescer dentro do coração. O grande perigo da inveja é que ela não apenas rouba nossa paz, mas também nos distancia da gratidão e da confiança em Deus. Quando nos fixamos no que o outro tem, corremos o risco de perder de vista as bênçãos que já recebemos. Passamos a medir nossa felicidade pelo que ainda não conquistamos, em vez de pelo que já nos foi dado. O problema não está em desejar crescer ou alcançar objetivos, mas em permitir que a comparação nos impeça de enxergar o valor da nossa própria caminhada.

O convite da Palavra, no entanto, é claro: em vez de fixar os olhos no que os outros possuem, devemos manter nosso foco no Senhor. O temor do Senhor não é um medo paralisante, mas um profundo respeito, reverência e confiança em Deus, reconhecendo que Ele é soberano sobre todas as coisas. Quando cultivamos esse temor, nosso coração se enche de contentamento, pois compreendemos que a verdadeira satisfação não está em possuir o que o outro tem, mas em viver dentro da vontade de Deus. Essa compreensão nos liberta, pois nos ensina que cada um tem um caminho específico, um chamado particular e um tempo determinado por Deus.

A inveja distorce nossa percepção da realidade. Muitas vezes, o que parece ser sucesso aos olhos do mundo pode esconder um grande vazio interior. Pessoas que aparentemente têm tudo ainda enfrentam lutas internas, inseguranças e frustrações que não são visíveis externamente. Nem tudo o que brilha é ouro, e nem toda vida aparentemente perfeita é verdadeiramente feliz. O contentamento verdadeiro não está nas circunstâncias, mas na confiança de que Deus cuida de nós de maneira única e perfeita.

Enquanto a inveja nos mantém em um ciclo de insatisfação e comparação, o temor do Senhor nos conduz à alegria e à segurança de que Ele nos conhece e tem o melhor para nós. O segredo para vencer a inveja é simples, mas poderoso: troque a comparação pela gratidão, a insatisfação pela confiança e o desejo de ter mais pela alegria de ser quem Deus te criou para ser. Quando aprendemos a agradecer por nossa própria jornada e a confiar que Deus tem um plano específico para cada um de nós, deixamos de enxergar a vida dos outros como um padrão a ser alcançado e passamos a ver nossa própria caminhada como uma história escrita pelas mãos do Criador.

A verdadeira satisfação não vem do que possuímos, mas de saber que estamos exatamente onde Deus quer que estejamos. Se confiarmos nisso, encontraremos paz, mesmo em meio às incertezas. E, quando essa paz governa nosso coração, conseguimos celebrar as conquistas dos outros sem ressentimento, sabendo que o mesmo Deus que os abençoa também cuida de nós. Quando nos alegramos genuinamente com o sucesso alheio e confiamos no tempo perfeito de Deus, a inveja perde seu poder, e nosso coração se enche de gratidão e esperança.

REFLEXÃO

A inveja pode surgir quando comparamos nossa vida com a dos outros, roubando a paz e a alegria que Deus nos oferece. Como temos lidado com isso? Será que estamos focando mais no que falta do que no que Deus já nos deu?

Em *Divertida Mente* 2, as emoções de Riley mostram que conflitos internos podem trazer desarmonia, assim como a inveja faz conosco. A cruz nos lembra que já recebemos o maior presente: o amor e a salvação de Deus. Ele nos chama a confiar em seu plano único para nós, deixando de lado comparações.

Quando olhamos para Deus com gratidão, vencemos a inveja e encontramos liberdade para viver plenamente nas bênçãos que Ele nos dá.

DESAFIO

Hoje, observe seus pensamentos e sentimentos. Existe alguma área em que você tem se comparado com outras pessoas, permitindo que a inveja cresça silenciosamente? Identifique essas situações, ore sobre elas e peça a Deus que renove seu coração com gratidão. Anote três coisas pelas quais você é grato hoje e declare: "Senhor, minha satisfação está em ti."

ORAÇÃO

SSenhor, reconheço que, em alguns momentos, permiti que a inveja tomasse espaço em meu coração. Ajuda-me a encontrar alegria e contentamento naquilo que o Senhor tem para mim. Ensina-me a temer o teu nome, confiando que o teu plano é perfeito e que tua provisão é suficiente. Que o meu coração se encha de gratidão e que meus olhos estejam sempre fixos em ti, não nas comparações com o mundo.

Em nome de Jesus, amém.

DEVOCIONAL 35

ANSIEDADE

SUPERANDO A ANSIEDADE AO CONFIAR QUE DEUS CUIDA DE NÓS EM CADA DETALHE.

"Não andem ansiosos por coisa alguma, mas em tudo, pela oração e súplicas, e com ação de graças, apresentem seus pedidos a Deus."

(Filipenses 4:6)

A ansiedade é uma batalha que atinge o coração de muitas pessoas diariamente. Ela surge quando tentamos carregar sozinhos os fardos da vida ou quando nos concentramos em problemas que estão além do nosso controle. Esses pensamentos nos sobrecarregam e nos fazem esquecer de que não estamos sozinhos. Mas Deus, em Sua bondade, nos dá um convite cheio de esperança: "Não andem ansiosos por coisa alguma, mas em tudo, pela oração e súplicas, e com ação de graças, apresentem seus pedidos a Deus" (Filipenses 4:6).

Essa passagem nos lembra que Deus não quer que vivamos dominados pelo medo ou pela dúvida. Ele deseja que troquemos nossa ansiedade pela confiança em Seu cuidado. Quando levamos nossas preocupações a Ele em oração, reconhecemos que está no controle e que podemos descansar em Sua presença.

A ansiedade muitas vezes se alimenta do desejo de controlar o que está fora do nosso alcance. Ficamos presos em pensamentos "E se isso acontecer?" ou "Como vou resolver isso?". Porém, Deus nos chama a uma confiança diferente, baseada em Sua fidelidade. Ele promete que, quando apresentamos nossos pedidos a Ele com um coração grato, experimentamos uma paz que vai além do entendimento humano (Filipenses 4:7).

Você já experimentou entregar suas preocupações a Deus? Orar não é apenas listar problemas, mas conversar com um Pai amoroso que cuida de nós em cada detalhe. Ao confiar nossas ansiedades a Ele, descobrimos que não precisamos carregar esses fardos sozinhos.

Jesus nos ensinou a confiar no Pai em todas as coisas. Em Mateus 6:26-30, Ele nos lembra que Deus cuida até dos pássaros e dos lírios do campo. Se Ele cuida tão bem da criação, quanto mais cuidará de nós, que somos seus filhos amados? Essa verdade nos desafia a abandonar nossas preocupações, sabendo que Deus está atento às nossas necessidades.

Entregar nossas ansiedades a Deus não significa que os problemas desaparecem imediatamente, mas nos dá a certeza de que não estamos sozinhos. Essa confiança nos permite enfrentar os desafios com um coração mais tranquilo, sabendo que Deus está conosco em cada passo do caminho.

Se a ansiedade tem tomado conta do seu coração, aceite o convite de Deus para descansar Nele. Leve suas preocupações em oração, agradeça pelas bênçãos que Ele já te deu e confie que Ele está trabalhando em seu favor, mesmo quando não enxergamos a solução.

Deus não promete que a vida será isenta de dificuldades, mas garante que Sua paz estará conosco em meio às tempestades. Confie, entregue seus fardos e permita que a paz de Deus, que excede todo entendimento, guarde o seu coração e a sua mente em Cristo Jesus.

REFLEXÃO

A ansiedade pode nos alertar sobre desafios, mas quando deixamos que ela domine nossos pensamentos, perdemos a paz. Será que temos entregado nossas preocupações a Deus ou estamos tentando lidar com tudo sozinhos?

Em *Divertida Mente* 2, a personagem Ansiedade sempre causa uma situação para querer proteger a Riley, mostrando como a ansiedade pode nos limitar. Deus nos convida a entregar nossas aflições a Ele, lembrando que já cuidou do nosso maior problema na Cruz. Se Ele fez isso, cuidará também dos detalhes da nossa vida.

Quando confiamos em Deus, a ansiedade perde força. Ele não promete a ausência de desafios, mas nos garante Sua presença em cada passo do caminho.

DESAFIO

Hoje, identifique uma preocupação específica que tem gerado ansiedade em sua vida. Apresente isso a Deus em oração, entregando o controle a Ele. Reflita sobre como você pode substituir pensamentos ansiosos por um espírito de gratidão, reconhecendo as maneiras como Deus já tem cuidado de você.

ORAÇÃO

Senhor, muitas vezes permito que a ansiedade tome conta do meu coração. Hoje, quero entregar a Ti cada preocupação e descansar na certeza de que Tu cuidas de mim. Ajuda-me a confiar em Tua provisão e a substituir meus medos pela gratidão por tudo o que já fizeste. Obrigado porque em Ti encontro paz e segurança.

Em nome de Jesus, amém.

DEVOCIONAL 36

VERGONHA

FIRMES, SEM VERGONHA.

"Por isso, o Soberano Senhor me ajuda, e não serei constrangido. Por isso, eu me opus com firmeza, sabendo que não serei envergonhado."

(Isaías 50:7)

A vergonha é uma emoção que pode paralisar, minar a confiança e aprisionar a alma em um ciclo de culpa e insegurança. Ela surge quando nos sentimos expostos, inadequados ou incapazes de corresponder às expectativas — sejam as nossas ou as dos outros. Esse sentimento tem o poder de nos prender a um passado que já não existe mais, nos fazer reviver erros antigos e nos impedir de avançar. Muitas vezes, a vergonha se torna um fardo silencioso, carregado em segredo, moldando nossa forma de agir, pensar e até mesmo de nos relacionarmos com Deus e com as pessoas ao nosso redor. No entanto, a Palavra nos ensina que a vergonha não precisa ser uma sentença perpétua. O profeta Isaías nos apresenta uma verdade poderosa: a firmeza diante da vergonha não vem da autoconfiança, mas da certeza de que o Soberano Senhor está conosco.

Isaías fala com convicção porque sabia quem o sustentava. Ele não se baseava em suas próprias forças ou méritos, mas na fidelidade de Deus. O segredo para superar a vergonha não está em tentar ser perfeito ou em esconder nossas fraquezas, mas em confiar que Deus é quem nos ajuda. Muitas vezes, tentamos encontrar segurança na opinião das pessoas, na aceitação social ou em nossos próprios esforços, mas essa é uma base instável. Somente Deus é nossa verdadeira rocha. Quando colocamos nossa identidade em Cristo, a opinião dos outros e até mesmo os nossos erros do passado perdem o poder de nos definir.

A vergonha frequentemente sussurra mentiras ao coração, dizendo que nunca seremos bons o suficiente, que nosso passado nos condena ou que nossa fraqueza nos torna indignos de amor. No entanto, Deus nos diz exatamente o contrário: Ele é aquele que nos perdoa, nos restaura e nos chama pelo nome. A Bíblia está repleta de histórias de pessoas que, aos olhos do mundo, tinham motivos para viver presas à vergonha, mas foram transformadas pelo amor e pela graça de Deus. Moisés, que fugiu após cometer um erro grave, foi chamado para libertar um povo. Pedro, que negou Jesus, foi restaurado e se tornou um líder na igreja primitiva. A mulher samaritana, rejeitada por sua história de vida, encontrou em Jesus um novo começo.

Quando confiamos em Deus, aprendemos a enfrentar desafios, resistir à crítica e permanecer firmes, mesmo quando tudo ao redor parece desmoronar. Essa firmeza não significa ausência de medo ou fraqueza, mas uma confiança inabalável de que Deus nos sustenta, nos justifica e nos capacita. Mesmo quando falhamos, ele nos ergue, nos limpa e nos lembra que somos amados e aceitos. O inimigo deseja nos manter presos à vergonha, mas Deus nos convida a andar em liberdade. Ele não nos vê pelo nosso passado, mas pelo propósito que tem para nós.

Em Deus, encontramos segurança para levantar a cabeça, não por causa do que fizemos ou deixamos de fazer, mas por causa do que Ele fez por nós. Assim, podemos caminhar sem carregar o peso da vergonha, sabendo que em Cristo somos livres, perdoados e renovados. Nossa identidade não está em nossos erros, mas na graça que nos transforma. Quando aceitamos essa verdade, conseguimos deixar para trás o que nos prende e viver plenamente aquilo que Deus preparou para nós.

REFLEXÃO

A vergonha pode nos fazer sentir presos e distorcer como enxergamos a nós mesmos. Será que temos carregado esse peso desnecessário, esquecendo o que Jesus já fez por nós?

Em *Divertida Mente 2*, Riley lida com a confusão causada pela vergonha, mostrando como esse sentimento pode nos paralisar. Mas Deus nos convida a olhar para a Cruz, onde Cristo venceu a vergonha e nos deu uma nova identidade.

Quando aceitamos quem somos em Cristo, somos libertos do peso do passado. Ele nos perdoa, transforma nossa vida e nos capacita a viver com confiança, sabendo que somos completamente amados por Deus.

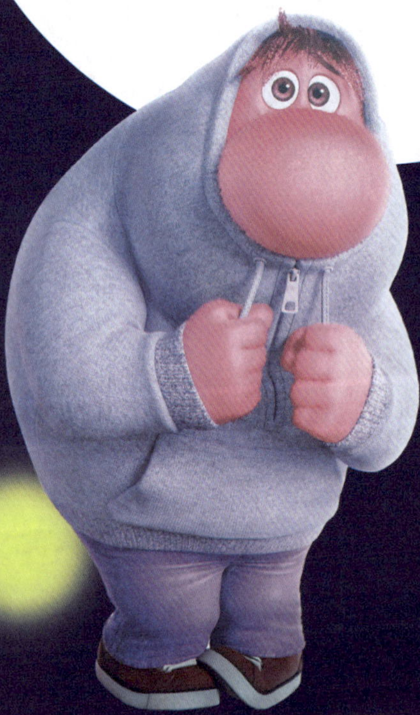

DESAFIO

Hoje, reflita sobre áreas da sua vida onde a vergonha tem tentado dominar seus pensamentos e atitudes. O que tem te impedido de caminhar com confiança? Ore, entregando essas áreas a Deus, e declare que sua identidade está firmada nele. Escreva uma afirmação de fé para lembrar a si mesmo: "O Senhor me ajuda, e eu não serei envergonhado."

ORAÇÃO

Senhor, eu reconheço que, muitas vezes, permiti que a vergonha controlasse meu coração e limitasse minha fé. Hoje, eu declaro que minha confiança está em ti. Ajuda-me a permanecer firme, mesmo quando me sinto vulnerável ou inadequado. Que a certeza da tua presença me liberte de toda insegurança e que eu me lembre, em cada situação, que o Senhor me sustenta. Em ti, eu não serei envergonhado.

Em nome de Jesus, amém.

DEVOCIONAL 37

RAIVA

CONTROLANDO A RAIVA E APRENDENDO A CANALIZÁ-LA DE FORMA CONSTRUTIVA COM A AJUDA DE DEUS.

"Não se apresse em irar-se, pois a ira se abriga no íntimo dos tolos."

(Eclesiastes 7:9)

A raiva é uma emoção comum a todos nós. Ela aparece quando enfrentamos frustrações, situações que consideramos injustas ou quando somos profundamente feridos. Sentir raiva, por si só, não é errado — é parte da nossa humanidade. No entanto, como Efésios 4:26 nos ensina: "Quando vocês ficarem irados, não pequem. Apaziguem a sua ira antes que o sol se ponha." Esse versículo nos lembra de que a raiva, se não for controlada, pode nos levar a atitudes destrutivas, prejudicando nossos relacionamentos e até mesmo nosso relacionamento com Deus.

Controlar a raiva não significa ignorá-la ou reprimi-la. Significa reconhecer o sentimento e canalizá-lo de forma que ele não cause danos. A raiva pode até nos motivar a lutar por justiça ou corrigir algo errado, mas deve ser guiada pela sabedoria de Deus. Quando agimos impulsivamente, sem entregar nossa raiva ao Senhor, corremos o risco de ferir os outros e a nós mesmos.

Você já parou para pensar no que está fazendo com sua raiva? Será que tem tentado lidar com ela sozinho, permitindo que ela se acumule, ou tem levado suas emoções a Deus em oração? Ele está sempre pronto para ouvir e nos ajudar a encontrar equilíbrio.

Jesus é nosso exemplo perfeito de como lidar com a raiva de maneira saudável. Ele enfrentou situações de extrema injustiça, foi insultado, rejeitado e até injustamente condenado. No entanto, ele nunca deixou que a raiva o dominasse ou o levasse ao pecado. Em momentos de indignação, como ao ver o templo sendo transformado em um mercado, Ele agiu com firmeza, mas sem perder o controle ou a compaixão.

Quando escolhemos entregar nossa raiva a Deus, pedindo sabedoria e calma, permitimos que ele transforme essa emoção em algo construtivo. Em vez de agir impulsivamente, podemos usar a raiva como uma oportunidade para dialogar, resolver conflitos ou corrigir atitudes com amor.

Se você tem lutado com a raiva, lembre-se de que Deus está ao seu lado para te ajudar a lidar com ela. Peça ao Senhor que te dê autocontrole e discernimento. Reserve um momento para respirar, refletir e, acima de tudo, orar. Ao fazer isso, você permite que Deus te guie e transforme situações de tensão em momentos de crescimento.

A raiva não precisa ser destrutiva. Quando entregamos essa emoção a Deus, ela se torna uma oportunidade de demonstrar graça, paciência e amor, refletindo o caráter de Cristo em nossas atitudes. Afinal, o domínio sobre nossas emoções é um testemunho poderoso de que Deus está trabalhando em nós.

REFLEXÃO

A raiva pode surgir rapidamente, mas se não for controlada, ela nos afasta de Deus e das pessoas. Como você tem lidado com esse sentimento?

Em *Divertida Mente* 2, o personagem Raiva reage de forma explosiva, trazendo complicações para Riley. Da mesma forma, nossa raiva pode causar problemas se não buscarmos a direção de Deus. A cruz nos ensina como Jesus respondeu à injustiça com amor e perdão, mostrando que é possível transformar a raiva em algo construtivo.

Quando entregamos nossas emoções ao Espírito Santo, Ele nos ajuda a responder com sabedoria e equilíbrio, usando nossa energia para fazer o bem e honrar a Deus.

DESAFIO

Reflita sobre um momento recente em que a raiva tomou conta de você. Como você poderia ter respondido de forma diferente? Ore pedindo a Deus que te ajude a canalizar sua raiva para o bem, usando-a para promover reconciliação e edificação em vez de destruição.

ORAÇÃO

Senhor, reconheço que muitas vezes permito que a raiva controle minhas ações. Ajuda-me a entregá-la a Ti, buscando Tua sabedoria para responder de maneira construtiva. Ensina-me a transformar esse sentimento em algo que edifique e glorifique Teu nome. Obrigado, porque em Ti encontro força para lidar com minhas emoções.

Em nome de Jesus, amém.

DEVOCIONAL 38

ADMIRAÇÃO

RECONHECENDO A GRANDEZA DE DEUS EM TUDO AO NOSSO REDOR.

"Os céus declaram a glória de Deus; o firmamento proclama a obra das suas mãos."

(Salmos 19:1)

A admiração é uma emoção que nos aproxima do divino. Ela nos faz pausar, observar e reconhecer a beleza e a ordem ao nosso redor. O Salmos 19:1 nos diz: "Os céus declaram a glória de Deus; o firmamento proclama a obra das suas mãos." Cada estrela no céu, cada raio de sol e cada nuvem que cruza o horizonte é um lembrete visível da grandeza e do poder de Deus.

A criação é uma expressão da majestade de Deus. Ele, com perfeição e amor, formou cada detalhe, desde as montanhas imponentes até as delicadas flores que adornam os campos. Mas, em meio à correria da rotina, quantas vezes deixamos de notar esses sinais? Ficamos tão ocupados que nos esquecemos de contemplar as maravilhas ao nosso redor e de louvar o Criador por sua obra.

Deus nos convida a cultivar um coração admirado. Quando olhamos para o mundo com os olhos de quem reconhece a mão de Deus, experimentamos um senso de maravilha e gratidão. Cada detalhe da criação — um céu estrelado, o canto dos pássaros ou até o sopro do vento — nos fala sobre o amor e o cuidado de Deus.

Jesus também nos ensinou a ver a presença de Deus nas

pequenas coisas. Ele apontou para os lírios do campo e os pássaros do céu, mostrando que até nos detalhes mais simples está o cuidado do Pai. Essa sensibilidade que Jesus demonstrou nos desafia a desacelerar e a observar o mundo ao nosso redor, não apenas como algo belo, mas como uma prova do caráter de Deus: criativo, poderoso e amoroso.

Você já parou para refletir sobre como a criação revela quem Deus é? Cada pôr do sol e cada nova manhã nos lembram que Ele é constante e fiel. A grandiosidade do universo nos aponta para o Seu poder, enquanto a delicadeza de uma flor nos fala de Sua atenção aos detalhes. Esse senso de admiração fortalece nossa fé, pois nos lembra de que o mesmo Deus que criou tudo isso também cuida de nós.

Se a rotina tem te impedido de enxergar a obra de Deus, tire um momento para observar ao seu redor. Saia ao ar livre, contemple o céu ou simplesmente ouça o som da natureza. Use esses momentos para louvar a Deus, agradecendo por sua criação e pela maneira como ele se revela através dela.

Viver com um coração admirado nos aproxima de Deus. Reconhecer Sua grandeza na criação nos ajuda a perceber que Ele está presente em tudo, cuidando de nós com o mesmo amor e perfeição com que criou o universo. Permita que a admiração renove sua fé e traga um senso de gratidão e alegria por tudo o que Deus tem feito.

REFLEXÃO

A admiração nos conecta ao que é belo e significativo, mas será que temos reservado tempo para reconhecer as maravilhas que Deus nos dá todos os dias?

Em *Divertida Mente 2*, a admiração que a Riley tem à ajuda a valorizar momentos únicos e a enxergar beleza na vida. Da mesma forma, Deus nos convida a contemplar Sua glória, desde a criação até o sacrifício na Cruz, que revela Seu amor e plano perfeito de redenção.

Viver com um coração cheio de admiração nos aproxima de Deus e nos ensina a ser gratos. Cada detalhe ao nosso redor é um lembrete de que Ele está no controle e manifesta Seu amor em todas as coisas.

Desafio

Hoje, tire alguns minutos para contemplar algo que Deus criou — seja a natureza, o céu ou até mesmo a complexidade da vida humana. Reflita sobre como cada detalhe revela a grandeza do Criador e agradeça a Deus por Sua bondade e poder.

Oração

Senhor, obrigado porque Tua criação proclama Tua glória e me lembra do quanto és grande e poderoso. Ajuda-me a viver com um coração admirado, reconhecendo Tua presença em tudo ao meu redor. Ensina-me a ver o mundo com gratidão e louvor, sabendo que tudo reflete Teu amor e cuidado.

Em nome de Jesus, amém.

DEVOCIONAL 39

ALEGRIA

ENCONTRANDO UMA ALEGRIA QUE VEM DE DEUS E QUE PERMANECE, INDEPENDENTEMENTE DAS CIRCUNSTÂNCIAS.

"Mesmo não florescendo a figueira, e não havendo uvas nas videiras, mesmo falhando a safra de azeitonas, não havendo produção de alimento nas lavouras, nem ovelhas no curral, nem bois nos estábulos, ainda assim eu exultarei no Senhor e me alegrarei no Deus da minha salvação."

(Habacuque 3:17-18)

A verdadeira alegria não está ligada às circunstâncias ou ao que possuímos. Ela vem do Senhor, que é imutável e fiel. Habacuque, em um momento de extrema dificuldade, nos deixou um testemunho poderoso dessa verdade. Apesar de enfrentar um cenário de escassez e perdas, ele declarou: "Mesmo que a figueira não floresça, nem haja fruto na videira [...] ainda assim eu exultarei no Senhor e me alegrarei no Deus da minha salvação" (Habacuque 3:17-18).

Essa alegria, que Habacuque experimentou, não se baseia no que vemos ou temos, mas em quem Deus é. Ele escolheu se alegrar, não porque tudo estava bem, mas porque sabia que Deus era sua força e salvação. Esse é o tipo de alegria que Deus nos oferece: uma alegria que transcende as dificuldades, enraizada na certeza de que ele é nosso refúgio, sustentador e fonte de esperança.

Nos tempos difíceis, é natural sentirmos desânimo e até mesmo dúvida. Quando nossas expectativas falham ou enfrentamos perdas, podemos ser tentados a nos concentrar no que está dando errado. Mas Deus nos convida a buscar uma alegria que vai além dessas circunstâncias. Ele nos lembra que, mesmo quando tudo parece desmoronar, ele permanece ao nosso lado, fiel e soberano.

Você já parou para pensar no que tem sustentado sua alegria? Será que ela depende do que está ao seu redor, ou está firmada no Senhor? Essa é uma reflexão importante, porque as circunstâncias da vida mudam, mas Deus nunca muda. Ele é o mesmo ontem, hoje e para sempre, e Sua fidelidade é a base de uma alegria que não pode ser abalada.

Jesus é o exemplo supremo dessa alegria. Ele enfrentou a cruz com dor e sofrimento, mas também com a certeza da alegria que viria depois: a reconciliação entre Deus e a humanidade. As escrituras nos mostram, no livro de Hebreus, que ele suportou tudo "pela alegria que lhe fora proposta." Isso nos ensina que, mesmo nos momentos mais difíceis, podemos encontrar força na promessa de que Deus está trabalhando para o nosso bem.

Buscar a alegria no Senhor não significa ignorar as dificuldades, mas reconhecer que Deus está acima delas. Quando colocamos nossa confiança Nele, somos capazes de enfrentar os desafios com um coração cheio de louvor e gratidão. Essa atitude não apenas renova nossa força, mas também nos aproxima de Deus, permitindo que experimentemos Sua paz e amor de maneira mais profunda.

Se hoje você sente que as dificuldades têm roubado sua alegria, leve isso ao Senhor em oração. Diga a Ele o que está pesando em seu coração e peça que sua alegria renove suas forças. Lembre-se de que Ele é Sua salvação, Sua rocha e Sua segurança.

Viver com a alegria que vem de Deus não é fácil, mas é transformador. Quando escolhemos nos alegrar no Senhor, mesmo em tempos difíceis, mostramos ao mundo que nossa fé está em um Deus que nunca falha. Essa alegria é uma luz que brilha em meio à escuridão, apontando para a esperança eterna que temos em Cristo.

REFLEXÃO

Encontrar razões para sorrir em meio às dificuldades parece desafiador, mas é exatamente isso que Deus nos convida a fazer. Será que temos lembrado de Sua bondade, mesmo quando as circunstâncias não são favoráveis?

Em *Divertida Mente 2*, a Alegria ajuda Riley a valorizar o que tem, mesmo em tempos difíceis. Da mesma forma, Habacuque escolheu louvar a Deus em meio aos desafios, nos mostrando que a Cruz é a maior fonte de alegria: a salvação em Cristo. Se Deus não poupou seu Filho por amor a nós, podemos confiar que Ele cuida de tudo.

A alegria do Senhor nos fortalece e renova. Ela nos aproxima de Deus e nos dá coragem para enfrentar qualquer situação, certos de Sua fidelidade.

Desafio

Hoje, reflita sobre algo que tem tirado sua alegria e escolha entregá-lo a Deus. Louve-o por sua fidelidade e lembre-se de que Ele é a fonte de uma alegria que não depende das circunstâncias. Compartilhe essa mensagem com alguém que precise de encorajamento.

Oração

Senhor, obrigado porque Tua alegria é minha força, mesmo nos dias difíceis. Ensina-me a confiar em Ti e a me alegrar no Deus da minha salvação. Ajuda-me a lembrar que Tua fidelidade permanece, independentemente das circunstâncias. Que minha vida seja um reflexo da alegria que encontro em Ti.

Em nome de Jesus, amém.

DEVOCIONAL 40

MEDO

CONFIANÇA INABALÁVEL.

"O Senhor está comigo, não temerei. O que me podem fazer os homens?"

(Salmo 118:6)

O medo é uma reação natural diante de ameaças, incertezas e desafios que parecem maiores do que nossa capacidade de enfrentá-los. Ele pode surgir de diversas formas: o medo do fracasso, da rejeição, da perda ou do futuro incerto. Muitas vezes, ele se instala silenciosamente no coração e se torna um peso que nos paralisa, nos impedindo de avançar e viver plenamente aquilo que Deus tem para nós. No entanto, o salmista nos lembra de uma verdade poderosa: quando sabemos que o Senhor está conosco, o medo perde sua força. Isso não significa que nunca mais sentiremos medo, mas que ele já não terá o poder de nos dominar.

Não se trata de negar a existência de situações difíceis, mas de reconhecer que a presença de Deus é maior do que qualquer circunstância. O medo tem a tendência de distorcer nossa percepção da realidade, fazendo com que os desafios pareçam intransponíveis e as ameaças pareçam maiores do que realmente são. Quando nos deixamos levar por ele, podemos esquecer que Deus continua no controle. É por isso que o salmista faz uma pergunta retórica: "O que me podem fazer os homens?" — não porque ele estivesse imune aos perigos, mas porque entendia que nenhum poder humano é capaz de superar o cuidado e a soberania de Deus sobre sua vida.

Essa confiança não nasce da ausência de problemas, mas da certeza de que Deus é o nosso refúgio e segurança. Quando compreendemos essa verdade, aprendemos a lidar com o medo de uma maneira diferente. Em vez de permitir que ele nos afaste dos planos de Deus, podemos usá-lo como um lembrete de que precisamos confiar mais no Senhor. Se nos sentimos ameaçados ou inseguros, é porque estamos olhando para as circunstâncias com os olhos naturais, em vez de olhar para Deus e lembrar quem Ele é.

Quando o medo bate à porta do coração, é um convite para redirecionar o foco. Em vez de olhar para o tamanho do problema, devemos olhar para aquele que está acima de todas as coisas. O Senhor não é um espectador distante, que observa nossa luta de longe, mas um Deus presente, que caminha ao nosso lado, nos fortalece e nos sustenta, mesmo nas batalhas mais difíceis. Ele nos lembra, repetidamente, em sua Palavra: "Não temas, pois eu estou contigo" (Isaías 41:10).

Davi, ao escrever este salmo, não estava em uma situação confortável. Ele enfrentava inimigos, traições e perigos reais. Mas, ainda assim, escolheu confiar. Sua segurança não estava na ausência de ameaças, mas na certeza de que Deus estava ao seu lado. Essa mesma promessa se estende a nós hoje. Podemos não saber o que o futuro nos reserva, mas sabemos quem segura o futuro em suas mãos.

Portanto, quando o medo tentar nos aprisionar, devemos nos lembrar de que não estamos sozinhos. O Deus que nos criou, nos ama e nos sustenta jamais nos abandona. E quando confiamos nele, encontramos forças para avançar, mesmo quando tudo parece incerto. Podemos enfrentar qualquer desafio, porque sabemos que nossa vida está guardada nas mãos daquele que governa todas as coisas.

REFLEXÃO

O medo pode nos alertar para perigos, mas muitas vezes o deixamos crescer e nos dominar, esquecendo que Deus está no controle. Como seria sua vida se, em vez de ceder ao medo, você confiasse plenamente no Senhor?

Em *Divertida Mente 2*, o personagem Medo passa dos limites, criando preocupações desnecessárias. Assim como Riley aprende a lidar com isso, Deus nos convida a confiar em suas promessas. A Cruz é a prova de que Ele está sempre ao nosso lado, cuidando de cada detalhe de nossas vidas.

Quando entregamos nossos medos a Deus, encontramos coragem. Sua soberania e amor inabalável nos fortalecem para enfrentar qualquer desafio com fé e confiança.

DESAFIO

Hoje, identifique um medo que tem limitado sua fé ou tirado sua paz. Escreva esse medo em um papel e, em oração, declare: "O Senhor está comigo, não temerei." Sempre que a ansiedade tentar dominar seu coração, repita essa verdade em voz alta, lembrando-se de que Deus está presente e maior do que qualquer desafio.

ORAÇÃO

Senhor, reconheço que muitas vezes o medo tenta dominar minha mente e o meu coração. Mas hoje, eu declaro a tua presença sobre a minha vida. Tu estás comigo, e por isso não preciso temer. Ajuda-me a confiar mais em ti do que nas circunstâncias ao meu redor. Fortalece minha fé e renova a certeza de que o teu cuidado é maior do que qualquer desafio que eu possa enfrentar.

Em nome de Jesus, amém.

COMO ME SINTO QUANDO...

PASSAGENS BÍBLICAS QUE TE CONVIDAM A OLHAR PARA SI E PARA DEUS.

VERGONHA

- "Os que olham para ele estão radiantes de alegria; seus rostos jamais mostrarão decepção." (Salmos 34:5)
- "Não tenha medo, você não sofrerá vergonha. Não tema o constrangimento; você não será humilhada. Você esquecerá a vergonha de sua juventude e não se lembrará mais da humilhação de sua viuvez." (Isaías 54:4)
- "Como diz a Escritura: 'Todo o que nele confia jamais será envergonhado'." (Romanos 10:11)
- "Em lugar da sua vergonha, o meu povo receberá porção dupla, e ao invés de humilhação, ele se regozijará em sua herança; e assim receberá porção dupla em sua terra, e terá alegria eterna." (Isaías 61:7)

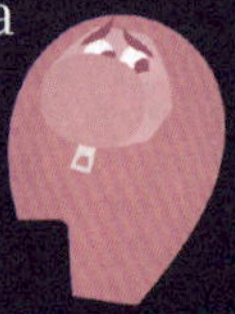

ALEGRIA

- "E Neemias acrescentou: 'Podem sair e aproveitem o melhor desta refeição, bebam o que é doce e enviem porções aos que nada têm preparado. Este dia é consagrado ao nosso Senhor. Não se entristeçam, porque a alegria do Senhor os fortalecerá'." (Neemias 8:10)
- "Tu me farás conhecer a vereda da vida, a alegria plena da tua presença, eterno prazer à tua direita." (Salmos 16:11)
- "Que o Deus da esperança os encha de toda alegria e paz, por sua confiança nele, para que vocês transbordem de esperança, pelo poder do Espírito Santo." (Romanos 15:13)
- "Tenho lhes dito estas palavras para que a minha alegria esteja em vocês e a alegria de vocês seja completa." (João 15:11)

RAIVA

- "Quando vocês ficarem irados, não pequem. Apaziguem a sua ira antes que o sol se ponha, e não deem lugar ao diabo." (Efésios 4:26-27)
- "Meus amados irmãos, tenham isto em mente: sejam todos prontos para ouvir, tardios para falar e tardios para irar-se, pois a ira do homem não produz a justiça de Deus." (Tiago 1:19-20)
- "A resposta calma desvia a fúria, mas a palavra ríspida desperta a ira." (Provérbios 15:1)
- "Evite a ira e rejeite a fúria; não se irrite: isso só leva ao mal." (Salmos 37:8)

TÉDIO

- "Tudo o que fizerem, façam de todo o coração, como para o Senhor, e não para os homens, sabendo que receberão do Senhor a recompensa da herança. É a Cristo, o Senhor, que vocês estão servindo." (Colossenses 3:23-24)
- "Assim, quer vocês comam, bebam ou façam qualquer outra coisa, façam tudo para a glória de Deus." (1 Coríntios 10:31)
- "O que as suas mãos tiverem que fazer, que o façam com toda a sua força, pois na sepultura, para onde você vai, não há atividade nem planejamento, conhecimento ou sabedoria." (Eclesiastes 9:10)
- "Finalmente, irmãos, tudo o que for verdadeiro, tudo o que for nobre, tudo o que for correto, tudo o que for puro, tudo o que for amável, tudo o que for de boa fama, se houver algo de excelente ou digno de louvor, pensem nessas coisas." (Filipenses 4:8)

Ansiedade

- "Não andem ansiosos por coisa alguma, mas em tudo, pela oração e súplicas, e com ação de graças, apresentem seus pedidos a Deus. E a paz de Deus, que excede todo o entendimento, guardará o coração e a mente de vocês em Cristo Jesus." (Filipenses 4:6-7)
- "Lancem sobre ele toda a sua ansiedade, porque ele tem cuidado de vocês." (1 Pedro 5:7)
- "Portanto, não se preocupem com o amanhã, pois o amanhã trará as suas próprias preocupações. Basta a cada dia o seu próprio mal." (Mateus 6:34)
- "Entregue suas preocupações ao Senhor, e ele o susterá; jamais permitirá que o justo venha a cair." (Salmos 55:22)

Inveja

- "O coração em paz dá vida ao corpo, mas a inveja apodrece os ossos." (Provérbios 14:30)
- "Pois onde há inveja e ambição egoísta, aí há confusão e toda espécie de males." (Tiago 3:16)
- "Não sejamos presunçosos, provocando uns aos outros e tendo inveja uns dos outros." (Gálatas 5:26)
- "O amor é paciente, o amor é bondoso. Não inveja, não se vangloria, não se orgulha." (1 Coríntios 13:4)

Medo

- "Por isso não tema, pois estou com você; não tenha medo, pois sou o seu Deus. Eu o fortalecerei e o ajudarei; eu o segurarei com a minha mão direita vitoriosa." (Isaías 41:10)
- "Mesmo quando eu andar por um vale de trevas e morte, não temerei perigo algum, pois tu estás comigo; a tua vara e o teu cajado me protegem." (Salmos 23:4)

- “Não fui eu que lhe ordenei? Seja forte e corajoso! Não se apavore nem desanime, pois o Senhor, o seu Deus, estará com você por onde você andar.” (Josué 1:9)
- “O Senhor é a minha luz e a minha salvação; de quem terei temor? O Senhor é o meu forte refúgio; de quem terei medo?” (Salmos 27:1)

TRISTEZA

- “O Senhor está perto dos que têm o coração quebrantado e salva os de espírito abatido.” (Salmos 34:18)
- “Bem-aventurados os que choram, pois serão consolados.” (Mateus 5:4)
- “Ele enxugará dos seus olhos toda lágrima. Não haverá mais morte, nem tristeza, nem choro, nem dor, pois a antiga ordem já passou.” (Apocalipse 21:4)
- “Bendito seja o Deus e Pai de nosso Senhor Jesus Cristo, o Pai das misericórdias e o Deus de toda consolação, que nos consola em todas as nossas tribulações, para que com a consolação que recebemos de Deus possamos consolar os que estão passando por tribulações.” (2 Coríntios 1:3-4)

NOSTALGIA

- “Para tudo há uma ocasião, e um tempo para cada propósito debaixo do céu... Ele fez tudo apropriado a seu tempo. Também pôs no coração do homem o anseio pela eternidade, mesmo assim este não consegue compreender inteiramente o que Deus fez.” (Eclesiastes 3:1,11)
- “Mesmo na sua velhice, quando tiverem cabelos brancos, sou eu aquele, eu que os sustento. Eu os fiz e eu os levarei; eu os sustentarei e eu os salvarei.” (Isaías 46:4)
- “Lembro-me dos dias de outrora; penso em todos os teus feitos e considero nas obras das tuas mãos.” (Salmos 143:5)

- “Todavia, lembro-me também do que pode me dar esperança: Graças ao grande amor do Senhor é que não somos consumidos, pois suas misericórdias são inesgotáveis. Renovam-se cada manhã; grande é a sua fidelidade!” (Lamentações 3:21-23)

REALIZAÇÃO

- “Que ele conceda o desejo do seu coração e leve a efeito todos os seus planos.” (Salmos 20:4)
- “Tudo posso naquele que me fortalece.” (Filipenses 4:13)
- “Consagre ao Senhor tudo o que você faz, e os seus planos serão bem-sucedidos.” (Provérbios 16:3)
- “Deleite-se no Senhor, e ele atenderá aos desejos do seu coração. Entregue o seu caminho ao Senhor; confie nele, e ele agirá.” (Salmos 37:4-5)

NOJO

- “Conheço as suas obras, sei que você não é frio nem quente. Melhor seria que você fosse frio ou quente! Assim, porque você é morno, nem frio nem quente, estou a ponto de vomitá-lo da minha boca.” (Apocalipse 3:15-16)
- “Não se compadeceu de ti olho algum, para te fazer alguma destas coisas, compadecido de ti; antes, foste lançada em pleno campo, pelo nojo da tua vida, no dia em que nasceste.” (Ezequiel 16:5 (ARC))
- “Então, vos lembrareis dos vossos maus caminhos e dos vossos feitos que não foram bons; e tereis nojo de vós mesmos, por causa das vossas iniquidades e das vossas abominações.” (Ezequiel 36.31 (ARC))
- “Como o cão volta ao seu vômito, assim o tolo repete a sua insensatez.” (Provérbios 26:11)

FÉ

- "Ora, a fé é a certeza daquilo que esperamos e a prova das coisas que não vemos." (Hebreus 11:1)
- "Peça-a, porém, com fé, sem duvidar, pois aquele que duvida é semelhante à onda do mar, levada e agitada pelo vento." (Tiago 1:6)
- "Respondeu Jesus: 'Tenham fé em Deus. Eu lhes asseguro que se alguém disser a este monte: Levante-se e atire--se no mar, e não duvidar em seu coração, mas crer que acontecerá o que diz, assim será feito. Portanto eu lhes digo: Tudo o que vocês pedirem em oração, creiam que já o receberam, e assim sucederá'." (Marcos 11:22-24)
- "Consequentemente, a fé vem por se ouvir a mensagem, e a mensagem é ouvida mediante a palavra de Cristo." (Romanos 10:17)

SOLIDÃO

- "Ainda que me abandonem pai e mãe, o Senhor me acolherá." (Salmos 27:10)
- "O próprio Senhor irá à sua frente e estará com você; ele nunca o deixará, nunca o abandonará. Não tenha medo! Não desanime!" (Deuteronômio 31:8)
- "O Senhor está perto dos que têm o coração quebrantado e salva os de espírito abatido." (Salmos 34:18)
- "Por isso não tema, pois estou com você; não tenha medo, pois sou o seu Deus. Eu o fortalecerei e o ajudarei; eu o segurarei com a minha mão direita vitoriosa." (Isaías 41:10)

CULPA

- "Se confessarmos os nossos pecados, ele é fiel e justo para perdoar os nossos pecados e nos purificar de toda injustiça." (1 João 1:9)

- "Então reconheci diante de ti o meu pecado e não encobri as minhas culpas. Eu disse: 'Confessarei as minhas transgressões ao Senhor', e tu perdoaste a culpa do meu pecado." (Salmos 32:5)
- "Portanto, agora já não há condenação para os que estão em Cristo Jesus." (Romanos 8:1)
- "Como o Oriente está longe do Ocidente, assim ele afasta para longe de nós as nossas transgressões." (Salmos 103:12)

Amor

- "O amor é paciente, o amor é bondoso. Não inveja, não se vangloria, não se orgulha. Não maltrata, não procura seus interesses, não se ira facilmente, não guarda rancor. O amor não se alegra com a injustiça, mas se alegra com a verdade. Tudo sofre, tudo crê, tudo espera, tudo suporta." (1 Coríntios 13:4-7)
- "Porque Deus tanto amou o mundo que deu o seu Filho Unigênito, para que todo o que nele crer não pereça, mas tenha a vida eterna." (João 3:16)
- "Será que uma mãe pode esquecer o bebê que mama e não ter compaixão do filho que gerou? Embora ela possa esquecê-lo, eu não me esquecerei de você!" (Isaías 49:15)
- "O meu mandamento é este: amem-se uns aos outros como eu os amei." (João 15:12)

Admiração

- "Ergam os olhos e olhem para as alturas. Quem criou tudo isso? Aquele que põe em marcha cada estrela do seu exército celestial e a todas chama pelo nome. Tão grande é o seu poder e tão imensa a sua força, que nenhuma delas deixa de comparecer!" (Isaías 40:26)

- "Eu te louvo porque me fizeste de modo especial e admirável. Tuas obras são maravilhosas! Digo isso com convicção." (Salmos 139:14)
- "Ó profundidade da riqueza da sabedoria e do conhecimento de Deus! Quão insondáveis são os seus juízos e inescrutáveis os seus caminhos!" (Romanos 11:33)
- "Os céus declaram a glória de Deus; o firmamento proclama a obra das suas mãos." (Salmos 19:1)

GRATIDÃO

- "Deem graças em todas as circunstâncias, pois esta é a vontade de Deus para vocês em Cristo Jesus." (1 Tessalonicenses 5:18)
- "Deem graças ao Senhor porque ele é bom; o seu amor dura para sempre." (Salmos 107:1)
- "Tudo o que fizerem, seja em palavra ou em ação, façam-no em nome do Senhor Jesus, dando por meio dele graças a Deus Pai." (Colossenses 3:17)
- "Deem graças ao Senhor, porque ele é bom. O seu amor dura para sempre!" (Salmos 136:1)

ORGULHO

- "O orgulho vem antes da destruição; o espírito altivo, antes da queda." (Provérbios 16:18)
- "Deus se opõe aos orgulhosos, mas concede graça aos humildes." (Tiago 4:6)
- "Quando vem o orgulho, chega à desgraça, mas a sabedoria está com os humildes." (Provérbios 11:2)
- "Sejam todos humildes uns para com os outros, porque Deus se opõe aos orgulhosos, mas concede graça aos humildes." (1 Pedro 5:5)

Amor próprio

- "O segundo é este: 'Ame o seu próximo como a si mesmo'. Não existe mandamento maior do que estes." (Marcos 12:31)
- "Pois somos criação de Deus realizada em Cristo Jesus para fazermos boas obras, as quais Deus preparou antes para nós as praticarmos." (Efésios 2:10)
- "Acaso não sabem que o corpo de vocês é santuário do Espírito Santo que habita em vocês, que lhes foi dado por Deus, e que vocês não são de si mesmos? Vocês foram comprados por alto preço. Portanto, glorifiquem a Deus com o corpo de vocês." (1 Coríntios 6:19-20)
- "Tu criaste o íntimo do meu ser e me teceste no ventre de minha mãe. Eu te louvo porque me fizeste de modo especial e admirável. Tuas obras são maravilhosas! Digo isso com convicção." (Salmos 139:13-14)

Afeto

- "Dediquem-se uns aos outros com amor fraternal. Prefiram dar honra aos outros mais do que a si próprios." (Romanos 12:10)
- "Sobretudo, amem-se sinceramente uns aos outros, porque o amor perdoa muitíssimos pecados." (1 Pedro 4:8)
- "Portanto, como povo escolhido de Deus, santo e amado, revistam-se de profunda compaixão, bondade, humildade, mansidão e paciência." (Colossenses 3:12)
- "Amados, visto que Deus assim nos amou, nós também devemos amar-nos uns aos outros. Ninguém jamais viu a Deus; se nos amamos uns aos outros, Deus permanece em nós, e o seu amor está aperfeiçoado em nós." (1 João 4:11-12)

OS SENTIMENTOS E SUAS RELAÇÕES DE CONEXÃO

RAIVA X PATERNIDADE

A relação entre paternidade e raiva é desafiadora. O chamado de Deus para os pais envolve amar, ensinar e proteger, mas o cotidiano traz demandas e frustrações que podem gerar momentos de irritação. Até os pais mais amorosos enfrentam dias em que a paciência parece pouca, especialmente quando filhos testam limites ou as circunstâncias fogem ao controle.

A Bíblia, no Salmos 103, nos lembra: "Como um pai se compadece de seus filhos, assim o Senhor se compadece." Esse versículo nos convida a refletir sobre a paciência de Deus e nos desafia a buscá-la. A raiva, apesar de ser uma resposta comum, precisa ser controlada para não afetar o ambiente familiar de forma negativa.

Augusto Cury nos alerta sobre o risco de sermos prisioneiros das nossas emoções. Ele destaca a importância de gerenciar a raiva, perguntando-se: será que estamos realmente irritados com nossos filhos ou com outras preocupações? Em vez de reagirmos impulsivamente, devemos buscar entender o que nos incomoda e responder com calma.

Como pais, somos convidados a mostrar aos nossos filhos o reflexo da compaixão divina. Ao aprender a controlar a raiva, oferecemos um exemplo de paciência e amor, ensinando-lhes que até nos momentos difíceis, podemos ser acolhedores e compreensivos, assim como Deus é conosco.

PATERNIDADE X AFETO

A paternidade é uma jornada de entrega e aprendizado contínuo, onde o afeto é a linguagem essencial. Desde o primeiro momento, o relacionamento entre pai e filho molda a forma como o amor e a segurança são compreendidos. Demonstrar afeto é mais do que um gesto; é uma necessidade para o desenvolvimento emocional e psicológico dos filhos, e o pai que o faz se torna uma âncora firme nas tempestades da vida.

Na Bíblia, vemos como Deus, nosso Pai Celestial, relaciona-se conosco em uma base de amor e cuidado. Em 1 João 3:1, somos lembrados: "Vede que grande amor nos tem concedido o Pai, a ponto de sermos chamados filhos de Deus." Esse amor incondicional é o exemplo que inspira pais a refletirem, em suas atitudes, o amor que Deus tem por nós. Ele não é distante ou frio; Ele nos acolhe e nos chama de filhos amados.

Mas é importante lembrar que o afeto não significa apenas dar abraços e palavras de carinho; ele também aparece na disposição para ouvir, ensinar e corrigir com paciência. Augusto Cury nos lembra que criar filhos com afeto significa estar presente em corpo e alma, demonstrando o valor deles em cada pequeno momento compartilhado. O afeto constrói pontes de confiança e segurança, que são fundamentais para que os filhos cresçam sabendo que são amados e aceitos.

Quando a paternidade se entrelaça com o afeto, forma-se um vínculo profundo e duradouro. Assim, ser pai é estar comprometido com o amor diário, em gestos e palavras, oferecendo um abrigo seguro onde os filhos encontram a certeza de que são preciosos.

MATERNIDADE X RAIVA

A maternidade é um chamado ao amor incondicional, mas também é uma jornada cheia de desafios que, em muitos momentos, desperta emoções intensas – incluindo a raiva. A mãe, muitas vezes vista como o porto seguro, carrega um fardo de expectativas e responsabilidades. Quando o cansaço e as frustrações se acumulam, é natural que a raiva surja, embora seja um sentimento que muitas mães se culpam por experimentar.

A Bíblia nos traz uma visão de Deus como um pai e mãe compassivo e paciente. Em Isaías 66:13, o Senhor diz: "Como alguém a quem sua mãe consola, assim eu vos consolarei." Este versículo nos lembra que, mesmo nos momentos em que nos sentimos sobrecarregados, somos consolados e fortalecidos pelo amor de Deus. Esse amor nos ajuda a abraçar nossa humanidade, reconhecendo nossas emoções sem culpa.

Augusto Cury, em seus estudos sobre a mente e as emoções, alerta sobre o "cárcere da emoção" – a prisão em que ficamos quando deixamos sentimentos como a raiva nos dominar e nos definirem. Ele nos ensina que a gestão emocional é essencial para não sufocarmos com as pressões do dia a dia. Para as mães, isso significa aprender a pausar, respirar e entender o que está por trás da raiva: será o cansaço, o medo de não ser boa o suficiente ou a falta de apoio?

Ser mãe é um exercício constante de autocompaixão. Permitir-se sentir raiva e buscar formas de geri-la é uma maneira de cuidar de si mesma e, assim, ser um exemplo de humanidade para os filhos. Quando uma mãe lida com suas emoções com graça e paciência, ensina aos filhos que é possível enfrentar os altos e baixos da vida com amor e equilíbrio, mesmo nos dias difíceis.

MATERNIDADE X AFETO

A maternidade é uma expressão profunda de afeto, onde o amor se torna visível em gestos cotidianos de cuidado, paciência e entrega. Desde o nascimento, uma mãe oferece não apenas o sustento físico, mas também uma base emocional que irá nutrir o coração de seus filhos para toda a vida. O afeto materno vai além das palavras e abraços; ele se revela nas pequenas ações diárias, no olhar atento, no toque suave e na capacidade de estar presente, mesmo nos momentos mais simples.

A Bíblia nos apresenta o amor de Deus através de uma imagem materna quando Ele diz: "Pode uma mãe esquecer-se do filho que ainda mama, de sorte que não se compadeça do filho do seu ventre? Mas ainda que esta se esquecesse, eu, todavia, não me esquecerei de ti" (Isaías 49:15). Esse versículo nos lembra que o amor materno é uma das formas mais puras de afeto, uma sombra do amor divino, incansável e fiel.

Para a mãe, o afeto é uma linguagem natural, mas também pode ser um desafio em meio às exigências e ao cansaço do dia a dia. Como lembra Augusto Cury, demonstrar afeto não é só um presente para o filho, mas uma prática de autocompaixão e autocuidado. Quando uma mãe se permite viver o amor plenamente, ela encontra renovação e resiliência.

O afeto materno é a base onde a criança encontra segurança e valor próprio, onde sabe que é amada independentemente de erros ou acertos. Este amor constrói uma ponte emocional, permitindo que os filhos se sintam valorizados e protegidos. Na maternidade, o afeto é o guia e a força, trazendo aos filhos o entendimento de que, na vida, há um lugar de acolhimento e aceitação, onde são sempre bem-vindos e amados profundamente.

AMIZADE X CULPA

A amizade é um laço poderoso, que traz apoio e alegria. Mas, como qualquer relacionamento, também é marcada por desafios, incluindo a culpa. Às vezes, sentimos culpa por não estarmos presentes o suficiente, por uma palavra dita de forma errada ou por momentos em que não soubemos compreender o outro. Essa culpa, embora comum, pode pesar e minar o relacionamento, gerando insegurança ou afastamento.

A Bíblia nos orienta sobre o valor do perdão e da compreensão em nossas amizades. Em Provérbios 17:17, lemos: "O amigo ama em todos os momentos; é um irmão na adversidade." Esse amor inclui saber reconhecer falhas e pedir perdão, deixando a culpa dar lugar à reconciliação. Amar em todos os momentos significa aceitar a humanidade do outro, assim como somos aceitos em nossas limitações.

Augusto Cury sugere que aprendamos a nos perdoar pelas falhas. A culpa em uma amizade só é saudável se nos levar a crescer e melhorar. Assim, liberar-se dela é uma forma de manter o vínculo leve e sincero. Amizades verdadeiras sobrevivem ao tempo e aos erros, pois são baseadas no amor, no perdão e na aceitação mútua, permitindo que cada um seja autêntico, sem o peso de cobranças desnecessárias.

Amizade x Amor

A amizade e o amor são laços essenciais e profundos, que muitas vezes se entrelaçam e complementam. Enquanto a amizade oferece companheirismo, apoio e confiança, o amor adiciona uma camada de afeto intenso, desejo e compromisso. Amizade e amor juntos criam um vínculo poderoso, no qual as pessoas encontram refúgio, compreensão e motivação.

A Bíblia fala desse laço especial em Provérbios 18:24: "Há amigos mais chegados que irmãos." Essa amizade profunda é a base de um amor verdadeiro, aquele que não busca seus próprios interesses, mas deseja o bem do outro, oferecendo apoio nas alegrias e nas dificuldades. Em muitos casos, o amor romântico floresce da amizade, pois é nela que se constroem respeito e admiração.

Segundo Augusto Cury, tanto a amizade quanto o amor exigem que cada pessoa seja "gestora das emoções", aprendendo a respeitar e apoiar o outro. Quando amizade e amor se fundem, ambos crescem e se tornam fonte de segurança e realização, construindo um relacionamento onde a liberdade e o afeto caminham juntos. Esse equilíbrio cria um espaço onde cada um é acolhido e valorizado pelo que realmente é.

FRATERNIDADE X CIÚMES

A fraternidade é um vínculo marcado por um amor profundo e duradouro, mas, como em qualquer relacionamento próximo, o ciúme pode surgir. Quando irmãos ou amigos muito próximos compartilham experiências, conquistas e afeto, é natural que um sentimento de ciúme apareça. No entanto, o ciúme, se não for bem administrado, pode minar a alegria da fraternidade, transformando a relação em uma disputa em vez de um apoio mútuo.

A Bíblia traz exemplos sobre os desafios da fraternidade, como a história de Caim e Abel, que mostra como o ciúme, se não for controlado, pode trazer dor e destruição. Em Gálatas 5:26, somos lembrados: "Não sejamos presunçosos, provocando uns aos outros e tendo inveja uns dos outros." Esse conselho nos convida a reconhecer e transformar o ciúme em uma motivação para apoiar e celebrar o outro.

Augusto Cury nos ensina que administrar as emoções é essencial para o desenvolvimento de relacionamentos saudáveis. Na fraternidade, isso significa transformar o ciúme em admiração e incentivo, buscando o crescimento e a felicidade mútua. Quando irmãos ou amigos celebram as vitórias e desafios do outro, o vínculo fraternal se fortalece, criando um espaço de amor, compreensão e verdadeira alegria compartilhada.

FRATERNIDADE X ADMIRAÇÃO

A fraternidade é um relacionamento que vai além dos laços de sangue ou de convivência; é um vínculo onde o amor se mistura com a admiração genuína. Quando admiramos um irmão ou amigo como um "irmão de coração", reconhecemos neles virtudes e talentos que inspiram e elevam nosso próprio caminhar. Esse tipo de admiração na fraternidade nos convida a aprender, a crescer juntos e a celebrar as qualidades do outro, sem espaço para competições ou ressentimentos.

A Bíblia nos ensina sobre a beleza de viver em harmonia fraterna. Em Provérbios 27:17, lemos: "Assim como o ferro afia o ferro, o homem afia o seu companheiro." Essa amizade e admiração mútua fortalecem o relacionamento, fazendo com que cada um se torne um apoio e um modelo para o outro. Admirar o irmão é, assim, uma forma de honrá-lo e reconhecer a maneira única que Deus o criou.

Para Augusto Cury, a capacidade de admirar o outro é um sinal de maturidade emocional e de gestão das emoções. Na fraternidade, isso significa valorizar os talentos e conquistas do outro como parte de uma alegria compartilhada. Quando irmãos e amigos cultivam a admiração mútua, criam um ambiente de respeito e incentivo, onde ambos se sentem fortalecidos para ser o melhor de si, sabendo que têm alguém ao lado que acredita e se alegra por eles.

CONVÍVIO SOCIAL X TÉDIO

O convívio social é uma parte essencial da vida, trazendo aprendizado, troca e crescimento. Mas, mesmo em meio à presença de amigos, colegas ou familiares, é possível sentir o peso do tédio. Esse sentimento geralmente surge quando as interações se tornam superficiais ou repetitivas, quando não encontramos propósito nas conversas ou nas atividades que compartilhamos. O tédio no convívio social pode ser um sinal de que estamos desconectados do momento ou de que buscamos algo mais significativo.

A Bíblia nos ensina, em Provérbios 27:9, que "o perfume e o incenso trazem alegria ao coração; do conselho sincero do homem nasce uma bela amizade". Ou seja, a profundidade nas interações transforma o convívio social em algo mais rico e verdadeiro. A chave está em cultivar conversas sinceras, nas quais aprendemos sobre o outro e também sobre nós mesmos, encontrando sentido e alegria na presença mútua.

Augusto Cury destaca a importância de ser um "artista da convivência", ou seja, alguém que sabe explorar a beleza nas pequenas interações e que evita o automatismo. Combater o tédio no convívio social envolve estar presente, aberto a novas perspectivas e disposto a ouvir e compartilhar de verdade. Quando nos envolvemos ativamente, o tédio se dissipa, e o convívio social se torna uma fonte de inspiração, crescimento e prazer.

Convívio Social x Alegria

O convívio social é uma das maiores fontes de alegria e realização humana. A conexão com outras pessoas nos traz um sentimento de pertencimento, nos faz rir, compartilhar experiências e, acima de tudo, nos lembra que não estamos sozinhos. A alegria no convívio social surge quando estamos verdadeiramente presentes, nos permitimos ser autênticos e encontramos nas relações um espaço de acolhimento e reciprocidade.

A Bíblia destaca a importância do convívio e da alegria que ele proporciona: "Como é bom e agradável quando os irmãos convivem em união!" (Salmos 133:1). Esse versículo celebra o valor das relações harmoniosas, onde a alegria flui naturalmente, fortalecendo os laços e renovando o espírito. A presença do outro se torna um bálsamo, uma fonte de encorajamento e felicidade.

Segundo Augusto Cury, cultivar a alegria no convívio social envolve saber valorizar o momento e praticar a empatia. Não é apenas estar com as pessoas, mas aprender a rir junto, a ouvir com interesse e a expressar carinho e gratidão. A alegria no convívio é um reflexo do nosso desejo de nos conectar de forma sincera, criando memórias e construindo laços que nos inspiram e nos renovam diariamente.

DIVERTINDO A MENTE

EXPLORANDO O CONTEÚDO DO LIVRO POR MEIO DA INTERATIVIDADE

CRUZADINHA

NÍVEL FÁCIL

Uma cruzadinha onde as palavras-chave são as principais emoções do filme, além das contidas ao longo do devocional.

1. Agitada, não para um segundo.
2. Sentir nojo de algo ruim ou estranho.
3. Sentimento que aparece quando algo nos assusta.
4. Gosta do que é do outro.
5. Sentir-se cansado de algo sem graça.
6. Sempre vê o lado positivo das coisas.
7. O sentimento que faz a gente querer virar uma tartaruga e entrar no casco!
8. Explosiva e não tem medo de confrontos.
9. Chora com facilidade.

CRUZADINHA

NÍVEL DIFÍCIL

Uma cruzadinha onde as palavras-chave são os nomes dos personagens e outras emoções do filme *Divertida Mente* 2.

1. Adolescente complexa com emoções vibrantes.
2. Autenticidade corajosa e carisma cativante.
3. O sentimento de vazio que preenche o coração com silêncio e ausência.
4. A pessoa que nos ensina, motiva e nunca desiste da gente.
5. Quando vemos algo tão incrível que só conseguimos dizer: UAU!
6. Explosividade intensa.
7. Aquela sensação de saudade que dá quando lembramos de tempos bons.
8. O sentimento que deixa o coração quentinho e cheio de carinho.
9. Aquele sentimento que faz a gente se achar o dono do pedaço!
10. Aquele peso no coração quando sabemos que fizemos algo errado.

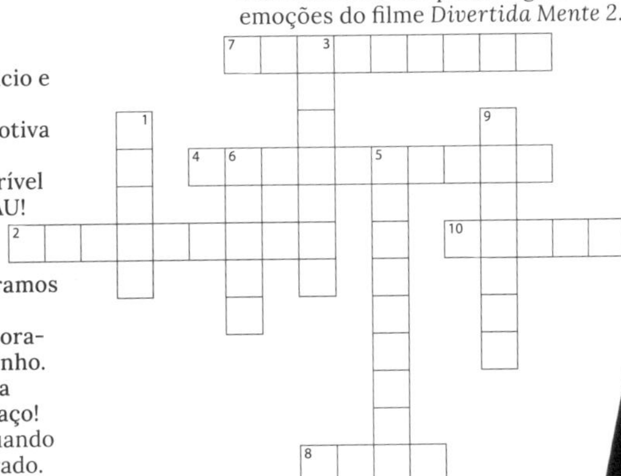

CAÇA-PALAVRAS

NÍVEL FÁCIL

Um caça-palavras com sentimentos e personagens do filme *Divertida Mente* 2, com palavras escondidas na horizontal, vertical e diagonal, inclusive ao contrário.

R	T	R	Y	I	E	R	Y	R	C	S	T
H	O	E	N	Z	I	N	S	R	H	E	R
T	U	O	L	E	R	O	O	I	I	O	I
I	E	L	E	R	O	J	W	U	N	E	S
N	F	M	R	T	B	I	D	L	V	R	T
A	V	E	R	G	O	N	H	A	E	S	E
T	É	D	I	O	U	H	R	L	J	T	Z
E	R	O	S	S	E	O	S	E	A	F	A
H	I	E	O	E	T	T	C	G	M	H	R
Y	L	K	G	D	L	T	W	R	K	I	L
C	E	H	K	F	T	R	A	I	V	A	C
T	Y	A	N	S	I	E	D	A	D	E	C

Palavras a serem encontradas

1. Alegria
2. Ansiedade
3. Inveja
4. Medo
5. Nojinho
6. Raiva
7. Riley
8. Tristeza
9. Tédio
10. Vergonha

CAÇA-PALAVRAS

NÍVEL DIFÍCIL

Um caça-palavras com sentimentos e personagens do filme *Divertida Mente* 2, com palavras escondidas na horizontal, vertical e diagonal, inclusive ao contrário.

R	T	C	T	O	E	T	R	A	L	E	R
Y	A	A	I	O	N	H	Z	S	P	C	L
E	S	O	E	G	R	E	O	M	R	O	N
L	C	F	L	E	T	K	W	I	G	I	W
I	E	O	I	S	O	E	O	A	T	D	D
R	T	B	I	S	A	H	E	L	F	É	R
V	E	R	G	O	N	H	A	E	A	T	A
U	T	I	O	I	I	J	O	G	E	E	T
T	A	H	J	I	E	T	T	R	M	V	O
A	B	O	A	V	I	A	R	I	E	L	R
N	N	A	N	S	I	E	D	A	D	E	C
N	Y	I	R	L	N	H	D	S	O	E	O

Palavras a serem encontradas

1. Alegria
2. Ansiedade
3. Inveja
4. Medo
5. Nojinho
6. Raiva
7. Riley
8. Tristeza
9. Tédio
10. Vergonha

ANAGRAMA

DESEMBARALHANDO AS EMOÇÕES

Neste jogo, as palavras estão todas embaralhadas! Seu desafio é reorganizar as letras para descobrir quais emoções se escondem em cada anagrama. Use sua criatividade e atenção para resolver!

Anagrama 1: Geliaar ________________

Anagrama 2: Zistetra ________________

Anagrama 3: Dome ________________

Anagrama 4: Aviar ________________

Anagrama 5: Honojin ________________

Anagrama 6: Edaaneids ________________

Anagrama 7: Oitéd ________________

Anagrama 8: Veijan ________________

Anagrama 9: Vengohar ________________

DECIFRANDO

CÓDIGO MORSE

Alfabeto em código morse

A: • –	F: • • – •	K: – • –	P: • – – •	U: • • –	Z: – – • •
B: – • • •	G: – – •	L: • – • •	Q: – – • –	V: • • • –	
C: – • – •	H: • • • •	M: – –	R: • – •	W: • – –	
D: – • •	I: • •	N: – •	S: • • •	X: – • • –	
E: •	J: • – – –	O: – – –	T: –	Y: – • – –	

Decodifique a frase

•– | ––• • –• – • | •– •––• •–• • –• –•• • | ––•– ••– • |
– ––– –•• ––– | • | ––•– ••– •– •–•• ––•– ••– • •–• |
••• • –• – •• –– • –• – ––– | • | –••• ––– •– | •––• •– •–• –– |
•–• •• •–•• • –•––

Espaço para resposta

____

____

QUIZ

Perguntas e respostas

Pergunta 1: Qual princípio bíblico é refletido em *Divertida Mente 2* quando percebemos como as emoções moldam nossos pensamentos e nossas ações?
a) As emoções devem ser eliminadas para alcançar a paz interior.
b) As emoções são irrelevantes para a vida espiritual.
c) Apenas a alegria é válida diante de Deus.
d) Devemos guardar o coração, pois dele procedem as fontes da vida.

Pergunta 2: O que aprendemos com as situações difíceis enfrentadas por Riley no filme?
a) As dificuldades são inúteis e devem ser evitadas a todo custo.
b) A dor é um castigo divino para nossas falhas.
c) Devemos confiar que todas as coisas cooperam para o bem.
d) Apenas emoções negativas causam sofrimento.

Pergunta 3: Qual lição sobre unidade é retratada no filme?
a) Cada emoção deve dominar sozinha para ser eficiente.
b) A harmonia surge da independência completa entre os sentimentos.
c) Todas as emoções são necessárias e interdependentes.
d) A tristeza é dispensável no equilíbrio emocional.

Pergunta 4: Qual é o papel da tristeza em nosso crescimento espiritual, como exemplificado em *Divertida Mente 2*?
a) A tristeza é um obstáculo que deve ser ignorado.
b) A tristeza é indispensável para o aprendizado e o arrependimento.
c) A tristeza é apenas um sentimento inútil.
d) A tristeza é sinal de fraqueza espiritual.

Pergunta 5: Qual é a mensagem sobre perdão que podemos encontrar em *Divertida Mente 2*?
a) O perdão é opcional em situações difíceis.
b) O perdão reconstrói relacionamentos e reflete o amor de Deus.
c) O perdão é inatingível quando há mágoas profundas.
d) Apenas algumas pessoas merecem ser perdoadas.

QUIZ

QUEM DISSE ISSO?

Leia as frases mencionadas por emoções ou personagens do filme *Divertida Mente 2*. Leia cada uma e relacione-a à emoção ou ao personagem que disse. Responda o nome da emoção ou personagem correspondente!

"Eu só quero que tudo fique em paz... sem confusão, por favor!"
a) Medo
b) Alegria
c) Tristeza

"Por que todo mundo não pode simplesmente me ouvir? Eu sei o que é melhor!"
a) Raiva
b) Alegria
c) Nojinho

"Isso me faz sentir tão... estranho, como se algo estivesse mudando dentro de mim."
a) Tristeza
b) Ansiedade
c) Alegria

"Tudo tem um lado bom, é só procurar!"
a) Alegria
b) Nojinho
c) Raiva

"A vida não é só arco-íris e sorrisos. Há coisas difíceis que precisamos encarar!"
a) Tristeza
b) Alegria
c) Raiva

REFERÊNCIAS

CURY, Augusto. *20 regras de ouro para educar filhos e alunos:* como formar mentes brilhantes na era da ansiedade. São Paulo: Planeta, 2017.

CURY, Augusto. *Alunos brilhantes, filhos fascinantes*. São Paulo: Planeta, 2015.

CURY, Augusto. *Ansiedade 2:* autocontrole. São Paulo: Benvirá, 2016.

CURY, Augusto. *Ansiedade 3:* ciúme. São Paulo: Benvirá, 2017.

CURY, Augusto. *Dez leis para ser feliz*: ferramentas para se apaixonar pela vida. Rio de Janeiro: Sextante, 2021.

CURY, Augusto. *Gestão da emoção*: entendendo a mente humana. São Paulo: Editora 11x17, 2016.

CURY, Augusto. *Gestão da emoção:* técnicas de *coaching* emocional para gerenciar a ansiedade, melhorar o desempenho pessoal e profissional e conquistar uma mente livre e criativa. São Paulo: Saraiva, 2015.

CURY, Augusto. *Manual dos jovens estressados*. São Paulo: Planeta, 2012.

CURY, Augusto. *O mestre da vida*: análise da inteligência de Cristo. São Paulo: Editora Sextante, 2024.

CURY, Augusto. *O mestre do amor*. São Paulo: Sextante, 2020.

CURY, Augusto. *O mestre inesquecível*. São Paulo: Sextante, 2020.

CURY, Augusto. *Seja líder de si mesmo*: o maior desafio do ser humano. São Paulo: Sextante, 2004.

CURY, Augusto. *Treinando a emoção para ser feliz*. São Paulo: Academia de Inteligência, 2007.

MARONI, Bruno. *Cristianismo e cultura pop*. Brasília, DF: Charpentier, 2020.

RESPOSTAS

Cruzadinha (Nível fácil)

1: Ansiedade | 2: Nojinho | 3: Medo | 4: Inveja | 5: Tédio
6: Alegria | 7: Vergonha | 8: Raiva | 9: Tristeza

Cruzadinha (Nível difícil)

1: Riley | 2: Valentina | 3: Solidão | 4: Treinadora | 5: Admiração
6: Raiva | 7: Nostalgia | 8: Amor | 9: Orgulho | 10: Culpa

Caça-palavras (Nível fácil)

											T
						N					R
						O			I		I
						J			N		S
		M				I			V		T
	V	E	R	G	O	N	H	A	E		E
T	É	D	I	O		H		L	J		Z
	R	O				O		E	A		A
	I							G			
	L							R			
	E					R	A	I	V	A	
	Y	A	N	S	I	E	D	A	D	E	

Caça-palavras (Nível difícil)

A											
Y							Z				
E						E				O	
L					T					I	
I				S			O	A		D	
R			I			H		L		É	
V	E	R	G	O	N	H	A	E		T	
T			I		J		G				
J		E			R	M					
O	A	V	I	A	R	I	E				
N	A	N	S	I	E	D	A	D	E		
I							O				

Anagrama

Anagrama 1: Alegria | Anagrama 2: Tristeza | Anagrama 3: Medo | Anagrama 4: Raiva | Anagrama 5: Nojinho | Anagrama 6: Ansiedade | Anagrama 7: Tédio | Anagrama 8: Inveja | Anagrama 9: Vergonha

RESPOSTAS

Quiz - Perguntas e respostas

Pergunta 1 - Resposta correta: d) Devemos guardar o coração, pois dele procedem as fontes da vida.

Explicação da resposta correta: O filme mostra como as emoções influenciam cada aspecto da vida de Riley, demonstrando a necessidade de cuidar daquilo que alimenta nosso coração. Provérbios 4:23 ensina que o coração é a fonte de nossas escolhas e ações. Assim como Riley precisa organizar suas memórias e sentimentos, nós somos chamados a proteger o que molda nossos pensamentos, confiando na sabedoria divina para guiar nossas emoções.

Pergunta 2 - Resposta correta: c) Devemos confiar que todas as coisas cooperam para o bem.

Explicação da resposta correta: Romanos 8:28 ensina que Deus usa até as situações mais desafiadoras para moldar nosso caráter e fortalecer nossa fé. Em *Divertida Mente* 2, as dificuldades de Riley refletem como os momentos difíceis podem ser instrumentos de amadurecimento. Quando confiamos no propósito de Deus, aprendemos a enxergar sua mão soberana guiando cada etapa de nossa caminhada.

Pergunta 3 - Resposta correta: c) Todas as emoções são necessárias e interdependentes.

Explicação da resposta correta: 1 Coríntios 12:26 nos lembra que cada membro do corpo tem um papel essencial. No filme, as emoções precisam trabalhar juntas para o bem-estar de Riley. Da mesma forma, na vida cristã, somos chamados a reconhecer a importância de cada dom e talento dentro do corpo de Cristo, promovendo harmonia para o crescimento coletivo.

Pergunta 4 - Resposta correta: b) A tristeza é indispensável para aprendizado e arrependimento.

Explicação da resposta correta: Eclesiastes 3:4 nos lembra que há tempo para chorar e tempo para rir. No filme, a tristeza desempenha um papel fundamental no amadurecimento de Riley, ensinando-a a valorizar relações profundas e superar desafios. Na caminhada cristã, a tristeza pode nos levar ao arrependimento e a um relacionamento mais próximo com Deus.

Pergunta 5 - Resposta correta: b) O perdão reconstrói relacionamentos e reflete o amor de Deus.

Explicação da resposta correta: Efésios 4:32 ensina que devemos perdoar como Deus nos perdoou em Cristo. No filme, os personagens enfrentam tensões e conflitos, mas o perdão restaura harmonia. Esse princípio lembra que o perdão traz cura para as feridas emocionais, apontando para a graça divina que transforma nossos relacionamentos.

Quiz - Quem disse isso?

1-a) Medo; 2-a) Raiva; 3-b) Ansiedade; 4-a) Alegria; 5-a) Tristeza.

Decifrando - Código morse

Resposta correta: "A gente aprende que todo e qualquer sentimento é bom para Riley."

Explicação da resposta correta: Todas as emoções são importantes porque cada uma tem seu papel na vida da Riley, ajudando-a a entender seus sentimentos e enfrentar os desafios do dia a dia. A alegria traz momentos de felicidade, enquanto a tristeza permite que ela expresse o que sente por dentro. O medo a protege de situações arriscadas, e a raiva a ajuda a lidar com frustrações. Ao reconhecer o valor de cada emoção, Riley percebe que elas trabalham juntas para seu crescimento e bem-estar.